DER KRONENGECKO
CORRELOPHUS CILIATUS

Stefanie Pantelmann

Nachts klettert *Correlophus ciliatus* in dünnem Astwerk

Inhalt

Alle nicht anders gekennzeichneten Fotos stammen von der Autorin.

Bildnachweis:
Titelbild: *Correlophus ciliatus*
Kleines Bild: Porträt von *Correlophus ciliatus*
S. 1: Kletternder Kronengecko

10., aktualisierte Auflage 2026

ISBN: 978-3-86659-536-1

An der Kleimannbrücke 39/41
48157 Münster
www.ms-verlag.de

Geschäftsführung: Matthias Schmidt
Lektorat: Heiko Werning & Kriton Kunz
Layout: Michael Kokoscha, Oberhausen
Eva-Maria Westerdick, Mülheim
Druck: WmD, Backnang

Vorwort

DIE Vertreter der Gattung *Correlophus* erfreuen sich in letzter Zeit einer immer größer werdenden Anhängerzahl in der Terraristik. Ein Grund hierfür ist u. a. die spektakuläre Wiederentdeckung von *Correlophus ciliatus* (GUICHENOT, 1866) durch SEIPP & KLEMMER im Jahr 1994. Seither hielt diese Art Einzug in viele Terrarien. In den USA befassen sich mittlerweile, motiviert durch die hohe Nachfrage, gewerbsmäßige Züchter mit der Vermehrung aller Vertreter dieser Gattung. Ein weiterer Grund für die Beliebtheit ist ihre große Formenvielfalt, die sich sowohl im Aussehen als auch in der Größe der Tiere zeigt. Hiervon geht eine enorme Faszination aus. So finden sich u. a. enorm verlängerte Ciliarschuppen, Hautlappen und variable Zeichnungsmuster. In den USA wird für *Correlophus ciliatus* auch der Name

Kronengeckos haben es in kürzester Zeit zu absoluten Lieblingen der Terraristik geschafft Foto: shutterstock/mlorenz

„Guichenot's Giant Gecko" verwendet, der auf den Erstbeschreiber hinweist. Geläufiger ist allerdings die Benennung „Crested Gecko", wozu parallel im Deutschen die Artbezeichnung „Kronengecko" verwendet wird.

Der Kronengecko ist in der Terraristik in kurzer Zeit äußerst populär geworden, wozu sicherlich sein skurriles Aussehen beiträgt. Aber auch die leichte Haltung und die gute Vermehrbarkeit spielen eine große Rolle. So wird die Art seit ihrer Wiederentdeckung erfolgreich gepflegt und vermehrt. DE VOSJOLI et al. (2003) erwarteten für das Jahr 2003 alleine für die USA 30.000 Nachzuchten von Vertretern der Gattung. Ein Großteil davon umfasst Exemplare der hier behandelten Art, von der ähnlich wie beim Leopardgecko (*Eublepharis macularius*) verschiedene Farbformen selektiv gezüchtet werden.

Dieses Buch versteht sich nicht als allumfassendes Werk zu *C. ciliatus*, was in diesem Umfang auch gar nicht möglich wäre. Es soll vielmehr dem interessierten Terrarianer Informationen und Hilfen in der Praxis geben, um ihm so den Einstieg in die Haltung und Nachzucht der Art zu ermöglichen.

Stefanie Pantelmann,
Merchweiler

Geschichte und Beschreibung von *Correlophus ciliatus*

DIE Gattung *Correlophus* wurde 1866 von GUICHENOT aufgestellt und gehört zur zur Familie Diplodactylidae. Sie enthält ausnahmslos mittelgroße nachtaktive sowie baumbewohnende Arten. Ihre nächsten Verwandten findet die auf Neukaledonien endemische (nur hier vorkommende) Gattung bei den ebenfalls dort lebenden Vertretern der Gattungen *Eurydactylodes* WERMUTH, 1965 und *Bavayia* ROUX, 1913 sowie *Rhacodactylus*, FITZINGER, 1843, zu der die drei Arten der Gattung *Correlophus* früher gezählt wurden.. Außerhalb der Insel gehört die australische Gattung *Pseudothecadactylus* BRONGERSMA, 1943 zum Verwandtschaftskreis.

Der Kronengecko wurde erstmals 1866 von GUICHENOT als *Correlophus ciliatus* beschrieben. Er unterscheidet sich durch seine auffälligen Körpermerkmale wohl am stärksten von allen anderen Geckos des pazifischen Raumes. Der Kamm, bestehend aus dreieckigen, langen Schuppen im vorderen Teil des Kopfes und Nackens, ist einzigartig. Bis 1994 wurden außer den Typusexemplaren (Exemplare, anhand derer eine Art beschrieben wird) aber keine weiteren Tiere bekannt. Dies änderte sich, als auf der Insel Ile de Pins an der Südspitze Neukaledoniens Individuen dieser Spezies gesichtet wurden. Über die spektakuläre Wiederentdeckung berichteten im selben Jahr SEIPP & KLEMMER. Erste Tiere gelangten für Studienzwecke nach Europa und später auch durch Fast und De Vosjoli in die USA.

Die maximale Kopf-Rumpf-Länge (KRL) der Art kann bis zu 130 mm betragen. Die meisten Tiere bleiben mit einer KRL von 110 mm aber kleiner. Die Gesamtlänge beträgt, bei einer Schwanzlänge von 80–90 % der Körperlänge, ungefähr 200 mm. Damit zählt *C. ciliatus* zu den kleineren Vertretern der Gattung. Adulte (geschlechtsreife), normal genährte Tiere können ein Gewicht zwischen 32 g und 45 g erreichen, wobei trächtige Weibchen durchaus auch bis zu 60 g wiegen können. Männliche Tiere bleiben hingegen mit maximal 51 g leichtgewichtiger (SEIPP & HENKEL 2000; DE VOSJOLI et al. 2003). Dies gilt nur für Kronengeckos mit vollständig erhaltenen Schwänzen. Tiere mit Regeneraten büßen ca. 10 % des Gesamtgewichtes ein.

Der Kopf der Geckos ist extrem breit und vom Körper abgesetzt. Der Schwanz ist dorsolateral (von oben und unten) abgeflacht und an der Spitze mit Haftlamellen versehen, wie es typisch für die Gattung *Correlophus* ist. So dient er den Tieren als zusätzliches Greiforgan. Außerdem wahren die Geckos durch ihn besser das Gleichgewicht, wenn sie von Ast zu Ast springen. Wie alle Vertreter der Gekkonidae neigt auch *C. ciliatus* dazu, in Gefahrensituationen den Schwanz an Sollbruchstellen abzuwerfen (Autotomie). Abweichend zu anderen Geckos ist hier jedoch festzustellen, dass sich beim Verlust des Originalschwanzes kein vollständiges Regenerat, sondern lediglich ein knopfförmiger Stummel an der Bruchstelle bildet. So

Der Kronengecko jagt nachts geschickt nach Futtertieren.

Wegen des deutlich ausgeprägten Ciliarschuppenkranzes erhielten die Kronengeckos ihren Namen.

berichten SEIPP & HENKEL (2000), dass alle in der Natur von ihnen gefundenen adulten Kronengeckos keine Originalschwänze mehr aufwiesen. Im Terrarium neigen die Tiere weniger zu Autotomieverhalten – wohl bedingt durch das weitgehende Fehlen entsprechender Gefahren.

Die deutsche Bezeichnung „Kronengecko“ weist schon auf das charakteristische, bereits erwähnte Merkmal von *C. ciliatus* hin: Die Tiere weisen auf dem Kopf zwei Längsreihen aus je einem bis zu mehrere Millimeter langen Schuppenkamm auf. Dieser Schuppenkamm beginnt hinter den Augen und verläuft über den Nacken in Richtung Schwanzansatz. Er gleicht auf der Oberseite des Kopfes einer aufgesetzten Krone. Anfänglich groß, verschwinden die Schuppen dieses Kammes allmählich in zwei parallelen Linien zum Schwanzansatz hin.

Der kräftige Körper von *C. ciliatus* wirkt insbesondere bei gut genährten Tieren etwas gedrungen. Die Zeichnung ist sehr variabel und kann aus braunen, roten, olivfarbenen, gelben oder weißen Tönen bestehen. Sie soll im Kapitel „Farbformen“ näher erläutert werden.

Prinzipiell besteht sie aus zwei verschiedenen Farbtönen, die durch den beidseitig der Wirbelsäule verlaufenden Schuppenkamm voneinander abgetrennt sind. So entsteht auf der dorsalen (oberen) Seite der Echsen ein breites Band, das vom Kopf bis zum Schwanzansatz verläuft.

Ein Kennzeichen nachtaktiver Geckos zeigt sich in der tagsüber nahezu geschlossenen Pupille. In der Nacht öffnet sie sich. Aus einem anfänglichen dünnen, vertikalen Schlitz wird eine ovale Öffnung. Durch diese sind die Tiere in der Lage, selbst geringe Lichtmengen zu verwerten und so nachts ihre Umwelt wahrzunehmen. Kronengeckos haben wie alle Vertreter der Gattung keine Augenlider. Die Augen sind nur mit einer transparenten Schuppe überzogen, der so genannten Brille, die das empfindliche Sinnesorgan schützt.

Die Ohröffnungen sind im hinteren Bereich des Kopfes jeweils beidseitig angeordnet. Neben der Funktion als Sinnesorgan gehört zum System „Ohr“ auch noch der endolymphatische Apparat, der Kalziumkarbonat in Form zweier Kalksäckchen speichert. Diese kann man bei geöffnetem Maul im hinteren oberen Teil des Rachens sehr deutlich erkennen.

WUSSTEN SIE SCHON?

Viele Vertreter der Geckos besitzen einen Haftmechanismus unter den Zehen, der es ihnen ermöglicht, mit Hilfe von Lamellenstrukturen, bestehend aus feinen „Härchen", an glatten Oberflächen Halt zu finden. Diese nur wenige tausendstel Millimeter dünnen so genannten Setae bewirken, dass sich die Haftpolster selbst den feinsten Unebenheiten der Aufenthaltsfläche anpassen können. Die Kontaktoberfläche zwischen Fuß und Untergrund wird dadurch extrem groß. Grundsätzlich beruht die Funktion der Haftung auf den Van-der-Waals-Kräften. Diese basieren auf elektrostatischen Wechselwirkungen zwischen den Molekülen der Haare und denen des Untergrunds. Kronengeckos besitzen außerdem jeweils eine mittig auf jeder Zehenspitze angeordnete, einziehbare Kralle, die ihnen beim Klettern auf rauen Untergründen hilft.

Hier kann man deutlich die Haftlamellen und die Krallen erkennen, die den Vertretern der Gattung Halt beim Klettern bieten.

Kronengeckos sind eingeschränkt zu Lautäußerungen in der Lage. So vernimmt man vor allem bei Jungtieren in Schrecksituationen einen schrillen Kreischlaut. Ähnliche Schreie sind auch von Jungtieren der Gattungen *Eublepharis* (Leopardgeckos) und *Uroplatus* (Plattschwanzgeckos) bekannt.

WUSSTEN SIE SCHON?

Die Familie Diplodactylidae, zu der auch der Kronengecko zählt, ist dadurch charakterisiert, dass die weiblichen Tiere aller Arten weichschalige Eier legen. Nur selten besitzen sie auch eine leichte Kalkauflage. Lediglich die Art *Rhacodactylus trachyrhynchus* und die beiden auf Neuseeland endemischen Gattungen *Hoplodactylus* und *Naultinus* bringen lebende Jungtiere zur Welt. Das Verbreitungsgebiet beschränkt sich mit Australien, Neuseeland und Neukaledonien auf den südwestpazifischen Raum.

Verbreitung

Die Gattung *Correlophus* lebt endemisch in Neukaledonien. Über die genaue Verbreitung der einzelnen Arten ist recht wenig bekannt. Als Terra typica (Ort, von dem das Typusexemplar stammt) von *C. ciliatus* wird das Dorf Ciu genannt, aus dem, neben der Hauptstadt Nouméa, die ersten bekannt gewordenen Tiere stammten. Nach Bauer (1990) handelt es sich bei letzterem Fundpunkt jedoch wohl nur um den Versandhafen, nicht aber um den ursprünglichen Fundort. Seipp & Henkel (2000) zufolge fand man bis heute an diesen beiden Orten keine Kronengeckos mehr. Nach der Entdeckung galt die Art lange Zeit als verschollen. 1994 entdeckten Seipp & Klemmer auf der Insel Ile de Pins, die südöstlich vor Grand Terre liegt, wieder Tiere dieser Art. Außerdem berichten Girard & Heuclin (1998) über Funde im Süden der Hauptinsel Grand Terre im Nationalpark „Parc territorial de la Rivière Bleue" (Bauer & Sadler 2000; Seipp & Henkel 2000) und am Mt. Dzumac (Bauer & Sadler 2000). Ein weiteres Vorkommen befindet sich auf Ile de Pins benachbarten Inseln, wie der Insel Koutomo im Südosten. Auf dieser konnten De Vosjoli & Fast (1999) eine große Population beobachten. All diese Funde lassen darauf schließen, dass Kronengeckos im Süden Neukaledoniens weiter verbreitet sind, als zunächst angenommen wurde. Weitere Vorkommen werden in den Resten der ursprünglichen Regenwälder vermutet.

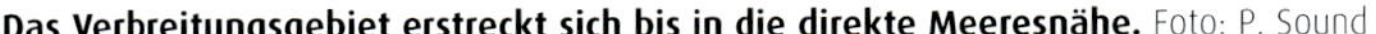

Das Verbreitungsgebiet erstreckt sich bis in die direkte Meeresnähe. Foto: P. Sound

Lebensraum

Der Lebensraum von *C. ciliatus* besteht aus feuchten Waldgebieten und Macchie (immergrünes Gebüsch aus Hartlaubgehölzen). Er erstreckt sich von Meeresniveau bis auf 900 m ü. NN. In den bekannten Inselhabitaten, wie Ile de Pins, erreicht der Tieflandregenwald nur selten eine Gesamthöhe über 15 m. Die Flora ist reichhaltig und bildet einen dichten Bewuchs. Durch die Meeresnähe herrscht ständig eine hohe Luftfeuchte. Die Mittelwerte der Jahrestemperaturen schwanken zwischen 17 und 23 °C, mit einem Maximum von Januar bis März. Tiefstwerte werden in unserem Sommer erreicht. Bezüglich der Niederschläge lässt sich ebenfalls eine jahreszeitliche Schwankung feststellen. So werden monatliche Spitzenwerte um 180 mm im Südsommer erreicht. Die kühle Jahreszeit ist gleichzeitig auch die trockenste. Hier gibt es Monate mit nur wenigen Millimetern Niederschlag.

Der typische Lebensraum von *C. ciliatus* Foto: P. Sound

Die nachtaktiven Tiere sind während ihrer Aktivitätsperiode im niedrigen Bereich von Büschen oder jungen Bäumen zu finden. Den Tag jedoch verbringen sie schlafend in Blattachseln oder anderen Verstecken in höher gelegenen Pflanzenstockwerken und Baumkronen. Für den Lebensraum der Kronengeckos typische Pflanzen sind *Araucaria* sp. Seipp & Klemmer (1994) weisen diesen Gecko deutlich als Bewohner des Blätterdaches der Bäume aus. Der Kronengecko hält sich kaum an den dicken Stämmen großer Bäume auf. Als Grund hierfür wird der Prädationsdruck durch den im selben Gebiet lebenden *R. leachianus henkeli* angegeben (Seipp & Henkel 2000).

Ein rotes Tier der Farbform „Patternless"

Farbformen

Die Färbung von *C. ciliatus* kann von Natur aus sehr stark variieren, was sich schon in der Grundfärbung zeigt. Diese kann von Rot- über Brauntöne bis ins Olivfarbene oder Gelbe reichen.

Vor allem in den USA wird eine sehr ausgeprägte, selektive Farbzucht betrieben, die über Generationen hinweg eine große Variationsbreite an Farbformen und Mustern hervorgebracht hat.

DE VOSJOLI et al. (2003) haben versucht, die häufigsten Farbformen und -muster zu benennen und zu erläutern.

„Patternless"

Unter dieser Bezeichnung versteht man Tiere, die einfarbig sind. Sie sind nicht oder nur wenig gemustert und kommen in den Farben Grau, Braun, Rot, Beige, Oliv, Rost und Gelb vor. Die ventrale Seite (Bauchseite) ist ebenfalls ohne Zeichnungsmuster. Am beliebtesten sind wohl die roten und gelben Farbformen. Aus den USA stammen Tiere dieser Variante, auf deren Flanken weiße Punkte eingestreut sind. Die Bezeichnung der Geckos leitet sich immer von der Grundfarbe des jeweiligen Tieres ab. Beispielsweise werden aus-

schließlich rote Geckos „Red Crested Gecko" genannt.

„Bicolor"

„Bicolor" deutet auf Tiere hin, deren Grundfarbe aus zwei Farbtönen besteht. Hierbei ist der mediane (mittige), im vorderen Körperbereich durch den Ciliarschuppenkranz abgetrennte Streifen auf dem Rücken einen Ton heller bzw. dunkler als die restliche Grundfarbe. Sehr selten findet man Tiere, bei denen man einen starken Kontrast der beiden Farbtöne beobachten kann. Die Geckos dieser Variante weisen keine weiteren auffälligen Muster auf.

„Tiger"

Diese Kronengeckos haben eine helle Grundfärbung mit einem sehr kontrastreichen Muster in einem dunkleren Ton. Oft ist die Zeichnung tagsüber eher matt und weniger stark sichtbar, nachts dagegen sehr stark ausgeprägt. Auffällig bei dieser Farbform ist auch, dass die Geckos eine gemusterte Bauchseite besitzen. Die Zusatzbezeichnung „brindle" wird dabei nur für Tiere verwendet, die eine feine, dichte und sehr kontrastreiche Zeichnung besitzen, die dann sogar den Kopf bedeckt.

„Dalmatian"

Solche Tiere sind durch dunkelbraune bis schwarze, verstreute Punkte auf dem Körper charakterisiert. Diese können einen Durchmesser von 1–5 mm erreichen und decken die eigentliche Zeichnung ab. Meistens haben die Echsen eine gelbe oder rostrote, einheitliche Grundfärbung.

Die schwarzen Punkte können als zusätzliches Merkmal bei allen Farbformen vorkommen. Foto: H.-P. Berghof

Generell ist diese Punktzeichnung, die ihren Namensursprung bei der Hunderasse „Dalmatiner" hat, bei allen Farbformen möglich.

„White-fringed"

So bezeichnet man Tiere, deren äußerer Rand der Hinterextremitäten mit einer weißen bis gelblichen Linie abgesetzt ist. Oft treten gleichzeitig mit dieser

Zeichnungsvariante vergrößerte, weiß gefärbte Schuppen entlang den Körperflanken auf. Auch dieses Zeichnungsmuster kann kombiniert mit anderen Färbungsvarianten wie „patternless", „tiger" und „fire" beobachtet werden und tritt somit nicht ausnahmslos mit einer bestimmten Färbung auf.

Typisch für „White-fringed"-Tiere sind weiß gerandete Hinterextremitäten.

„Chevron-back"

Über diese Färbungsvariante ist noch nicht sehr viel bekannt. Die Tiere sind meistens ohne größere Muster und haben eine einheitliche Grundfärbung, die sich, bis auf die mittlere Rückenpartie, am ganzen Körper befindet. Über den Rücken zieht sich ein helles, cremeweißes oder gelbes Band.

„Fire" bzw. „Flame"

„Fire"-Tiere haben in der Mitte von Rücken und Kopf eine helle Grundfärbung, die von Cremeweiß über Gelblich bis Orange reichen kann und von einer dunklen Zeichnung durchwirkt ist. Durch den Ciliarschuppenkranz davon abgesetzt sind die Flanken meistens in einem dunkleren, dem Muster ähnlichen Farbton gehalten.

„Pinstripe"

Diese aus den USA kommende Farbvariante basiert auf der Farbform „Fire". Die Hinterextremitäten sind mit einem weißen Rand abgegrenzt („white fringed"), und über den Körper ziehen sich entlang den beiden Ciliarschuppenreihen zwei hellgelbe bis weißliche Streifen, die am Kopf beginnen und an der Schwanzwurzel zusammenlaufen.

„Fire“ bzw. „Flame“ zählt zu den attraktivsten Farbformen.

Haltung

JEDER, der sich mit der Haltung und Zucht von Tieren, speziell mit der Pflege exotischer Reptilien, beschäftigen möchte, sollte sich vor der Anschaffung mit den nötigen Bedürfnissen der gewünschten Art auseinandersetzen. Nur so können die Grundlagen für eine erfolgreiche Haltung und vielleicht spätere Nachzucht geschaffen werden. Hierzu gehören nicht nur Informationen zu Unterbringung und Pflege, sondern auch das Wissen über die gesetzlichen Bestimmungen, die eine legale Haltung regeln. Die Lektüre dieses Buches vermittelt Ihnen bereits die entsprechende Basis. Aber auch andere Bücher und

Artgerecht gepflegte Geckos erfreuen den Halter mit ihrem interessanten Verhalten.

Zeitschriftenartikel können dabei helfen, die nötigen Informationen zu erlangen (siehe „Weiterführende und verwendete Literatur). Gespräche mit erfahrenen Züchtern können ebenfalls wertvolle Informationen liefern. Grundsätzlich ist die Haltung der hier vorgestellten Art auch für den Einsteiger in die Geckohaltung möglich. Mit etwas Einsatz kann diese Art problemlos nachgezüchtet werden.

Gesetzliche Bestimmungen

Trotz der enormen Umweltzerstörung und des damit verbundenen Lebensraumrückgangs des Kronengeckos unterliegt er keinem internationalen Schutzstatus, wie es durch die Listung in den Anhängen des Washingtoner Artenschutzabkommens der Fall wäre, sondern lediglich Anhang D der EG-Verordnung IAS 2016/1141. Damit erübrigt sich ein Herkunftsnachweis der gepflegten Tiere. Eine von einigen Ländern angestrebte Aufnahme der Art in den Anhang II des Washingtoner Artenschutzabkommens fand bisher noch nicht die nötige Zustimmung. In Europa sind fast ausschließlich Nachzuchten der Tiere zu erwerben. Aufgrund der fehlenden Schutzbestimmungen unterliegt die Haltung keiner behördlichen Genehmigungspflicht. Auch eine Meldepflicht besteht nicht.

Bei der Pflege sollten dennoch die gesetzlichen Mindestanforderungen, die im Kapitel „Das Terrarium" beschrieben sind, eingehalten werden, und natürlich ist das Tierschutzgesetz zu beachten.

Erwerb

Gerade dem Terraristik-Anfänger sei empfohlen, ausschließlich Nachzuchten zu erwerben, da importierte Tiere sehr oft mit Parasiten oder Krankheiten zu kämpfen haben und so ein zusätzliches Gesundheitsrisiko tragen. Für den angehenden Kronengecko-Pfleger wird die Entscheidung zwischen Wildfangtieren oder Nachzuchten aber ohnehin recht schnell gelöst sein, da Erstere im Handel nicht auftauchen.

Vor dem Kauf sollte man sich darüber im Klaren sein, ob man die Anforderungen an die optimalen Lebensbedingungen erfüllen kann. Auch ist zu überlegen, welchen Platz man für das neue Terrarium in der Wohnung vorsieht. So sollte darauf geachtet werden, dass man es nie an einem Fenster platziert. Hier könnte in den Sommermonaten durch die Sonneneinstrahlung sehr schnell eine Überhitzung auftreten. Auch Zugluft

Gesunde Kronengeckos sind geschickte Kletterer.

sollte vermieden werden, da sie gerade in feuchten Terrarien sehr schnell eine Unterkühlung verursacht.

Der Erwerb von Kronengeckos kann auf verschiedenen Wegen geschehen. Der einfachste ist dabei wohl der Gang zum nächstgelegenen Terrariengeschäft. Dieses steht mit diversen Züchtern in Kontakt und kann im Normalfall den Tierwunsch erfüllen.

Ein anderer Weg ist der Kauf von Nachzuchten bei einem privaten Züchter. Dieser kann mit einer fachkundigen, auf seiner eigenen Haltungserfahrung basierenden Beratung bei Problemen und Fragen helfend zur Seite stehen. Außerdem hat man hier die Möglichkeit, einen Eindruck über die geeignete Einrichtung und den Aufbau der Terrarien zu bekommen. Daher sollte man diese Form des Erwerbs in jedem Fall vorziehen. Züchter von *C. ciliatus* findet man über Kleinanzeigen im Internet. Auch hat man auf zahlreichen Reptilienbörsen die Gelegenheit, Züchter kennen zu lernen und mit ihnen ins Gespräch zu kommen.

Bei jedem Kauf sollte man natürlich genauestens auf den Gesundheitszustand der Tiere achten. Dabei können die folgenden Punkte, die bei der Begutachtung erfüllt sein sollten, hilfreich sein.

- Die Augen der Tiere sollten nicht eingefallen wirken, wobei dies nur für aktive Exemplare gilt. Beim Schlafen dagegen werden die Augäpfel oft in die Augenhöhlen eingezogen.
- Man sollte darauf achten, dass die Schwanzwurzel der Tiere nicht abgemagert aussieht und die Beckenknochen nicht hervorstehen. Dies wäre ein Anzeichen für Unterernährung!
- Genauso sollte man die Wirbelsäule auf dem Rücken nicht als kielähnlichen Grat erkennen können. Auch dieses Merkmal wäre ein Zeichen für einen schlechten Ernährungszustand.
- Die Tiere sollten beim Ergreifen nicht schlapp über der Hand hängen, sondern versuchen, zu flüchten oder zuzubeißen.
- Die Haut sollte nicht matt, gräulich oder stumpf aussehen, es sollten keine übrig gebliebenen Häutungsreste auf dem Körper zu finden sein.
- Auch sollte die Haut keine Verletzungen und/oder Entzündungen aufweisen.
- Kotreste im Kloakalbereich deuten auf eine Krankheit im Magen-Darm-Trakt hin.
- Ist die Möglichkeit gegeben, sich

das ehemalige Terrarium der Tiere anzuschauen, sollte man auf frischen Kot achten, der fest und nicht schleimig sein sollte. Dieses Anzeichen und ein oft übler Geruch der Exkremente ließen auf Parasitosen oder Infektionen schließen.

- Die Tiere sollten keine Entzündungen oder Verletzungen im Rachen- und Mundraum aufweisen. Gesunde Tiere haben eine hellrosa gefärbte Rachenschleimhaut.
- Der Kiefer sollte nicht deformiert sein oder sich weich anfühlen. Kann man ihn sogar mit dem Finger herunterbiegen, ist dies ein Anzeichen für eine fortgeschrittene rachitische Erkrankung.

Transport und Quarantäne

Zum Transport ist es zunächst nötig, die Tiere in einen geeigneten Behälter zu setzen. Hierzu kann man bei Jungtieren ohne Probleme so genannte Heimchen- oder Grillendosen verwenden, in die man Küchenvlies als Aufenthaltsfläche gibt. Für größere Tiere sollte man eine „Petbox“ verwenden, wie sie im Terrarienhandel angeboten wird, oder eine andere Plastikbox, die der Größe der Tiere angepasst ist. Auch diese sollte mit Küchenpapier ausgelegt werden. Außerdem kann man in die Transportboxen ein Stück Rinde oder Kork legen, sodass die Echsen die Möglichkeit haben, sich darauf aufzuhalten oder sich darunter zu verstecken. Dabei muss man natürlich darauf achten, dass das Stück Rinde bzw. Kork so in der Dose angebracht oder verkeilt ist, dass es nicht verrutschen und dabei den Gecko quetschen oder zerdrücken kann. Außerdem sollte auf eine ausreichende Belüftung des Transportbehälters geachtet werden. Bei „Petboxen“ sind im Deckel schon Lüftungsflächen vorgesehen, bei anderen Dosen sollte für eine zusätzliche Lüftung gesorgt werden.

In Styroporbehältern können die Transportboxen vor zu hohen Temperaturschwankungen geschützt werden.

Da Kronengeckos im Regelfall nicht sonderlich schnell sind, stellt es kein Problem dar, eine Dose über ein an der Scheibe sitzendes Tier zu stülpen und diese langsam in eine Richtung zu schieben, bis man es von der Wand in die Dose gebracht hat. Da die Geckos auch nicht sonderlich bissig sind, wird es ebenfalls kaum Probleme bereiten, die Kronengeckos mit der Hand zu erfassen und in einen vorbereiteten Behälter zu setzen.

Bei allen Handgriffen ist darauf zu achten, dass der Schwanz der Tiere nie eingeklemmt ist oder man das Tier daran festhält. Die Folge könnte ein Abwerfen des Schwanzes sein. Zum Umsetzen sollten keine Handschuhe getragen werden, da sie zum einen als Schutz vor Bissen nicht benötigt werden und zum anderen ein gefühlvolles Zugreifen verhindern. Sollte sich doch wider Erwarten ein Tier in die Hand verbeißen, so ist angeraten, die Echse völlig in Ruhe zu lassen und sie auf eine Unterlage oder einen Einrichtungsgegenstand zu setzen. In dieser Position lockert der Gecko meist seinen Biss.

Der Transportbehälter sollte zum Vermeiden zu hoher bzw. zu niedriger Temperaturen in eine Styroporbox gestellt werden. Extreme Temperaturen können das Tier stressen, und es kann zu Gesundheitsschäden kommen. Die optimalen Temperaturen zum Transport liegen zwischen 20 und 22 °C. Um die Luftfeuchte etwas zu erhöhen und den Tieren bei langen Transporten eine Trinkmöglichkeit zu gewährleisten, kann vor dem Besetzen des Transportgefäßes kurz in eine Ecke gesprüht werden, sodass sich Wassertropfen an den Wänden der Box niederschlagen. Mit zusätzlichen Wärme- bzw. Kältequellen in der Styroporbox ist vorsichtig umzugehen, da diese oft extreme Temperaturwerte verursachen, die das Tier zusätzlich in unnötigen Stress versetzen. Oftmals ist es ausreichend, die Box bei Zimmertemperatur offen einige Zeit stehen zu lassen. Dabei nimmt sie die Raumtempe-

So könnte ein Quaratäneterrarium gestaltet werden.

ratur an und hält sie während eines normalen Transportes lange genug.

Für alle neu erworbenen Tiere wird eine Quarantänezeit empfohlen, um auf eventuelle Krankheiten reagieren zu können. Hierzu verwendet man ein Terrarium, das nicht komplett eingerichtet oder bepflanzt ist. Auch sollten darin keine weiteren Tiere eingesetzt werden. Das „sterile" Quarantänebecken wird praktischerweise so eingerichtet, dass es leicht zu reinigen ist. Hierzu haben sich Glasterrarien ohne eingeklebte Zierrückwand bewährt, die einfach zu desinfizieren sind. Auch während der Quarantäne müssen die Anforderungen an eine artgerechte Haltung erfüllt sein. So muss die nötige Technik zur Versorgung mit Licht und Wärme vorhanden sein. Als Bodengrund eignen sich eine dünne Sandschicht oder noch besser eine Lage aus Küchenpapier, die man, wenn nötig, jeden Tag erneuern kann. Die Einhaltung der erforderlichen Hygiene und auch die Entnahme von Kotproben, falls nötig, wird dadurch erleichtert. Als Versteckplatz können Korkröhren oder Stämme dienen. Es haben sich aber auch Einrichtungsgegenstände aus Kunststoff oder Eierkartons (De Vosjoli et al. 2003) gut bewährt. Verschmutzungen zu entfernen, ist während der Quarantänezeit besonders wichtig. Man sollte täglich Kot und Futterreste im Terrarium beseitigen. Auch Arbeitsmaterialien wie Putzlappen, Kotschaufel und Pinzette sollten nur für dieses Terrarium benutzt werden und nicht mit anderen Tieren oder deren Terrarien in Kontakt kommen. So wird eine potenzielle Ansteckung des bestehenden Bestandes mit Krankheiten vermieden. Die Quarantänezeit sollte zwischen drei und sechs Wochen dauern. Beendet wird sie, wenn

DER PRAXIS-TIPP

Um eine sichere Auskunft über den Gesundheitszustand der Geckos zu erlangen, sollte man auf jeden Fall eine frische Kotprobe an ein veterinärmedizinisches Untersuchungsinstitut schicken. Adressen hierzu finden Sie im Kapitel „Krankheiten". Ein solches Institut kann einen Parasitenbefall eindeutig feststellen und eine Empfehlung zur erfolgreichen Behandlung geben. Nach Beendigung der medikamentösen Therapie sollte man eine neue Kotprobe zur Nachuntersuchung zum selben Institut schicken. So kann man sichergehen, dass die Behandlung erfolgreich war.

sich die Tiere eingewöhnt haben oder die Behandlung eventuell erkrankter Tiere erfolgreich abgeschlossen wurde.

Das Terrarium

Da es sich bei den Vertretern der Gattung *Correlophus* um arboricol (auf Büschen und Bäumen) lebende Tiere handelt, sollte man darauf achten, dass die Terrarien entsprechend hoch dimensioniert sind. Genaue Informationen zur Mindestgröße des Terrariums findet man im „Gutachten über die Mindestanforderungen an die Haltung von Reptilien“, herausgegeben vom Bundesministerium für Verbraucherschutz, Ernährung und Landwirtschaft (Sonderauflage bei der DGHT zu beziehen; siehe Anhang). Die Broschüre kann dort gegen ein geringes Entgelt angefordert werden. Für baumbewohnende Geckos wie Kronengeckos werden die Mindestmaße 6 x 6 x 8 (Breite x Tiefe x Höhe) angegeben. Diese Werte werden mit der Kopf-Rumpf-Länge der Echse multipliziert, um die Terrariengröße zu ermitteln, und gelten für ein Pärchen der jeweiligen Art. Möchte man eine Zuchtgruppe mit mehreren Weibchen halten, was sich bei *C. ciliatus* wegen der guten Verträglichkeit anbietet, muss man zur errechneten Grundfläche nochmals 15 % für jedes weitere Tier addieren. Diese Angaben sind als Mindestmaße zu verstehen, die Terrarien können natürlich auch größer sein. Nach den obigen Richtlinien erhält man ein Terrarium mit den ungefähren Maßen von 60 x 60 x 80 cm (B x T x H) für

Ein Terrarium für eine Gruppe von 1,3 Tieren

ein Paar. Möchte man einzelne Tiere halten, können die Maße auch kleiner gewählt werden. Dass eine erfolgreiche Haltung selbst in wesentlich kleineren Becken möglich ist, zeigen SEIPP & HENKEL (2000), die eine Gruppe von einem Männchen und zwei Weibchen in einem Terrarium mit den Maßen 40 x 50 x 80 cm (B x T x H) pflegten. KLUSMEYER (1999) gibt für die Unterbringung eines Paars 40 x 50 x 60 cm (B x T x H) an.

Als Material für die Terrarien empfiehlt sich aufgrund des täglichen Sprühens und der hohen Luftfeuchte ein wasserresistenter Baustoff. Hierzu bieten sich am besten diverse Kunststoffe oder Glas an. Zur Belüftung reicht eine normale Querstrombelüftung, wie sie in käuflichen Standardterrarien üblich ist, aus, da die Tiere kein ausgesprochen hohes Frischluftbedürfnis haben. Als Lüftungsfläche hat sich Drahtgaze als besonders praktisch herausgestellt. Da die Tiere sehr gerne die Scheiben als Klettermöglichkeit und zum Absetzen des Kots benutzen, ist es ratsam, unter der Frontscheibe der Terrarien eine senkrechte Lüftung einzubauen. So verhindert man, dass heruntergefallener Kot auf eine horizontale Lüftung fällt und diese verschmutzt. Der Kot fällt nun auf den Boden und kann von dort problemlos abgesammelt werden. Auf Wunsch fertigen Terrarienhersteller gerne solche Becken an, einige haben diese Terrarien sogar schon in ihr Standardprogramm aufgenommen. HENKEL & SCHMIDT (1991) raten zu Terrarien mit oben nach hinten versetzter Führungsschiene. Die Frontscheibe ist dabei schräg nach hinten geneigt, und Exkremente erreichen nicht mehr so leicht die Glasscheiben.

Die Terrarienhöhe unter dieser Lüftungsfläche kann relativ gering gehalten werden, da es sich empfiehlt, den Bodengrund aus einer dünnen Schicht Sand zu gestalten. Die Pflanzen werden in Töpfen in die Behälter gestellt. Diese spezielle Einrichtung wird in einem der folgenden Kapitel genauer erläutert. Möchte man jedoch die Pflanzen direkt in das Terrarium einsetzen, sollte eine Füllhöhe von ca. 8 cm eingeplant werden.

Die Einrichtung

Bei der Einrichtung des Terrariums versucht man, einen biotopgetreuen Ausschnitt aus dem Lebensraum der Tiere nachzubilden. Da dieses oft im Wohnbereich steht, spielt für viele Halter der optische Aspekt eine wichtige

Rolle. Nicht immer lassen sich die Einrichtungswünsche des Pflegers mit den Ansprüchen der Tiere vereinen. Oftmals ist es aber möglich, einen Mittelweg zu finden, der beiden gerecht wird. Generell sollte die Einrichtung so natürlich wie möglich gehalten werden.

Hierbei kommen die verschiedensten Pflanzen und Materialien in Frage. Der Terraristikmarkt bietet ein reichhaltiges Angebot, bei dem für jeden Geschmack etwas dabei sein sollte. So findet man auf Reptilienbörsen oft Fachhändler, die sich auf Naturalia für die Terraristik spezialisiert haben. Eine viel kostengünstigere und oftmals sogar bessere Lösung, Einrichtungsgegenstände zu bekommen, bietet ein Spaziergang in den nächsten Wald. Mit etwas Zeitaufwand gelangt man hier leicht an passende Äste, Stämme und Laub (Gesetze beachten!). Die Bepflanzung sollte aus robusten Arten bestehen, die den Tieren Kletter- und Versteckmöglichkeiten bieten. In ihren klimatischen Ansprüchen müssen die Pflanzen mit den gehaltenen Tieren übereinstimmen. Zu empfehlen sind rankende Gewächse wie Efeutute (*Epipremnum aureum*) oder Vertreter der Gattung *Philodendron*, wie KLUSMEYER (1999) sie benutzt. Diese halten auch den größeren Geckos durch ihre großen robusten Blätter besser stand. Auch kleine Yucca-Palmen haben sich mit ihrem festen Blatt-

Die robuste Efeutute (*Epipremnum aureum*) eignet sich sehr gut zur Bepflanzung der Becken.

werk und dem dicken Stamm bei mir sehr gut bewährt. DE VOSJOLI et al. (2003) empfehlen *Ficus benjamini* als Terrarienbepflanzung. SEIPP & HENKEL (2000) verwenden daneben auch *F. elastica* und *F. pumila* als Bepflanzung für ihre *C.-ciliatus*-Terrarien. Pflanzen dienen nicht nur der Verschönerung der Behälter, sie wirken sich auch positiv auf deren Klima aus, da sie für einen Anstieg der Luftfeuchte sorgen. Kunststoffpflanzen sind deshalb kein ausreichender Ersatz für das natürliche Pendant.

Kletteräste werden von den Kronengeckos gerne als Sitz- und Schlafplatz genutzt.

Zusätzlich erweitern reich verzweigte Äste, Rindenstücke und Lianen den Raum zum Klettern. Sie werden auch gerne als Sitz- und Schlafmöglichkeit angenommen. Auch Korkröhren und -platten, senkrecht stehend oder liegend, werden gerne als Versteckplatz von den Tieren benutzt. Immer sollte dabei darauf geachtet werden, dass die Versteck- und Schlafplätze jederzeit ohne größeren Aufwand zu kontrollieren sind.

Zur Einrichtung gehört auch die Gestaltung einer Rückwand, worauf man auf keinen Fall verzichten sollte. Am besten ist es, nicht nur die hintere Terrarienseite, sondern auch die Seitenwände zu bekleben. Hierzu eignet sich Kork optimal, der in verschiedenen Ausführungen im Handel erhältlich ist. Sehr schön wirkt Naturkork. Die hellen, flach gepressten Platten werden mit Silikon oder speziellem Korkkleber an die Glasscheiben geklebt. Weniger kostenintensiv ist dunkler Backkork, der sich ebenfalls problemlos mit den genannten Stoffen befestigen lässt.

Die nun undurchsichtigen Scheiben dienen als Sichtschutz und bieten den Tieren das Gefühl von Sicherheit. Des Weiteren vergrößert sich der Aktivitätsradius, da die Geckos die Rück- und Seitenwände als weitere Klettermöglichkeit erschließen. Einrichtungsgegenstände können ebenfalls sehr gut an der Korkwand befestigt werden. So erhält man recht natürlich aussehende Terrarien.

Wichtig ist die Wahl des Bodengrundes. Hierbei gibt es verschiedene Möglichkeiten. Zum einen kann man Blumenerde verwenden. Diese sollte ungedüngt und schadstofffrei sein. Pflanzen können dann, bei ausreichender Tiefe, ohne Blumentopf eingepflanzt werden. Eine weitere Möglichkeit ist das Einbringen eines Torf-Sand-Gemischs. Hierzu werden zwei Teile Torf zu einem Teil Sand gegeben. Auch hier kann man die Pflanzen ohne Topf direkt in das Terrarium einbringen. Bei beiden Methoden muss der Bodengrund mindestens eine Höhe von ca. 8 cm aufweisen, um den Pflanzen genügend Tiefe zum Wurzeln zu ermöglichen. Bei einer dritten Variante besteht der Bodengrund aus Sand. Er wird 3–4 cm hoch in das Terrarium eingefüllt. Am besten verwendet man Flusssand, da dieser rundgeschliffen und so nicht scharfkantig ist. Nehmen die Tiere beim Fressen solchen Sand auf, kann er nicht zu Verletzungen des Magen-Darm-Traktes führen. Bei dieser Methode werden die Pflanzen in Blumentöpfen in das Terrarium gestellt. Ihren großen Vorteil bietet diese Variante in der einfachen Reinigungsmöglichkeit der Terrarien. Eine gründliche Reinigung und ein Wechsel des Bodengrundes sind hierbei mit wenig Aufwand möglich. Die eingetopften Pflanzen werden nur wenig in ihrem Wachstum gestört. Ein nicht zu unterschätzender Vorteil ist auch die Unterdrückung von Schimmel, der auf Sand nur in den seltensten Fällen entsteht.

Entscheidet man sich für Blumenerde oder Torf-Sand-Gemisch als Substrat, kann man zur Beseitigung von Abfallprodukten den Bodengrund mit Mikroorganismen „animpfen". Man fügt einfach eine Hand voll Walderde hinzu, in der meistens schon genug Kleinlebewesen wie Würmer oder Asseln enthalten sind. Sie sorgen als Destruenten für den Abbau von Kotresten und abgestorbenen Pflanzenteilen. Im Futtertierhandel werden einige Gliedertiere angeboten, die sich ebenfalls sehr gut für solche Zwecke eignen. So bieten sich z. B. für warme Terrarien Weiße Asseln

(*Trichorhina tomentosa*) und für kühlere Becken Springschwänze (*Collembola*) an.

Oft wird die Erde mit Rindenmulch abgedeckt, um zu verhindern, dass Kotreste zu schimmeln beginnen. Dies ist allerdings mit der Gefahr verbunden, dass die Tiere beim Fressen Stücke davon aufnehmen. Im Darm kann es dann durch zu große Rindenteile zu einem Verschluss kommen. In der Vergangenheit führte dies schon öfter zum Tod der betroffenen Tiere. Deshalb sollte man den Boden besser mit Waldlaub bedecken, das bei einer versehentlichen Aufnahme für die Tiere besser verdaulich ist. Ideal hierfür ist Eichenlaub, da dieses nur langsam verrottet. Auch erleichtert eine Laubschicht das Finden der Eier. *Correlophus ciliatus* vergräbt diese am liebsten in feuchter Erde, wo man sie vor allem in üppig bepflanzten Terrarien nur schwer wiederfinden kann. Durch das aufgewühlte Laub ist die Stelle der Eiablage gut sichtbar.

DER PRAXIS-TIPP

Es ist sehr wichtig, die Einrichtungsgegenstände im Terrarium fest zu verkeilen, besser noch sie miteinander zu verschrauben. Ansonsten könnten sich die aktiven Tieren beim Klettern durch ein Verrutschen einklemmen und somit verletzen.

Die Terrarientechnik

Anders als bei vielen Terrarientieren aus heißen Klimaten, zu deren Haltung man viele technisch aufwändige Hilfsmittel benötigt, ist man bei der Haltung von *C. ciliatus* auf nur wenig Technik angewiesen. Auf Heizmatten oder ähnliche speziell Wärme spendende Elektronik kann problemlos verzichtet werden. Da die Tiere nachtaktiv sind, dient die Beleuchtung vor allem dazu, den natürlichen Tag-Nacht-Rhythmus zu imitieren und nebenbei die notwendigen Temperaturen zum Wohlbefinden der Geckos herzustellen. Die Tagestemperaturen sollten im Sommer zwischen 25 und 30 °C liegen, was in einer normalen Wohnung oftmals schon ohne zusätzliche Heizmittel erreicht wird. In der Nacht können die Werte auf 20–22 °C absinken. In den Wintermonaten sollten die Maximalwerte zwischen 22 und 23 °C am Tag und 16–20 °C in der Nacht liegen. Zur Beleuchtung bieten sich Tageslicht-LED-Leuchten an, die man einfach über dem Terrarium befestigt. Zusätzliche Wärme kann bei Bedarf z B. über eine thermostatgesteuerte, an Rück- oder Seitenwand angebrachte Heizmatte erzeugt werden. Dabei

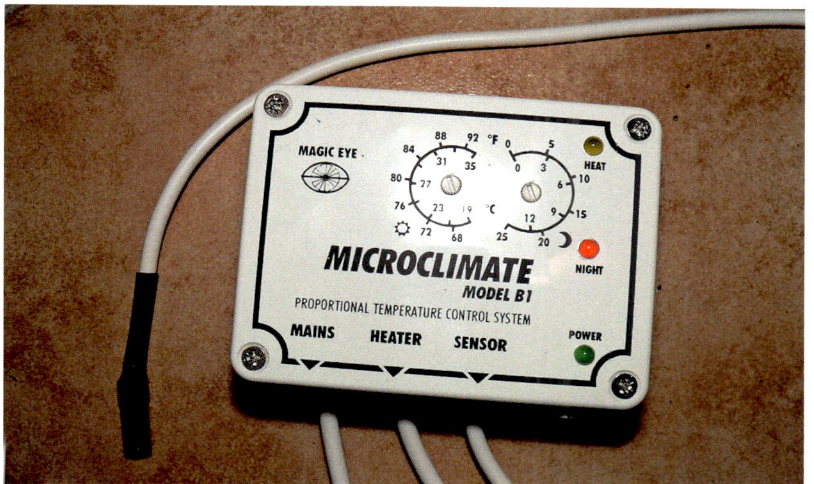

Ein Thermostat sorgt dafür, dass die gewünschte Temperatur gehalten wird Foto: K. Kunz

dürfen die oben genannten Temperaturwerte nicht über- bzw. unterschritten werden, sonst würden die Echsen schnell Schaden nehmen. Immer muss darauf geachtet werden, dass den Tieren eine kühlere und feuchtere Rückzugsmöglichkeit verbleibt.

Da die Geckos nachtaktiv sind, sollte man eigentlich annehmen, sie benötigten keine UV-B-Bestrahlung. Beobachtungen in der Natur zeigen aber, dass die Tiere aktiv Sonnenbäder nehmen (Seipp & Henkel 2000). So kann man für die Terrarienhaltung auch auf einen erhöhten UV-B-Bedarf schließen. Um diesen zu decken, bieten sich die im Terrarienhandel erhältlichen Spezialleuchtmittel mit einem UV-B-Anteil des Spektrums von 5 % an. Ihr Nutzen ist allerdings umstritten.

Eine andere Möglichkeit, Wärme und gleichzeitig UV-B-Strahlung zu erzeugen, ist der Einsatz von HQL- oder HQI-Lampen. Hier reichen, je nach Höhe des Beckens, 50- oder 70-W-HQI- Birnen aus. Eine zusätzliche Beleuchtung mit LEDs ist dann nicht mehr notwendig.

So werden meine Terrarien in den Sommermonaten mit einer HQL-Beleuchtung (50 W) und in den Wintermonaten mit zwei LED-Leuchten (eine davon mit UV-B-Anteil im Spektrum, die andere in der Lichtfarbe „Tageslicht“) beleuchtet. Durch die Erwärmung

von oben wird ein optimales Temperaturgefälle erreicht. Auf Bodenhöhe entsprechen die Werte etwa der Zimmertemperatur. Eine seitlich angebrachte Heizmatte wird bei Bedarf via Thermostat zugeschaltet.

Nicht nur die Imitation thermischer Jahreszeiten ist ein wichtiger Faktor bei einer natürlichen Haltung, auch die Beleuchtungsdauer spielt eine bedeutende Rolle. So sollte diese über eine Zeitschaltuhr geregelt werden, um den Tieren einen regelmäßigen Tages- und Jahresrhythmus zu bieten. In den Wintermonaten sollte die Beleuchtungsdauer neun Stunden, in den Sommermonaten 13 Stunden betragen. Die Übergänge sollten dabei fließend gestaltet werden.

DER PRAXIS-TIPP

Um die optimale Lichtintensität von Röhren oder HQL- und HQI-Birnen zu nutzen, sollte man sie spätestens nach einem Jahr austauschen. Da einige Hersteller sogar noch kürzere Wechselintervalle empfehlen, sollte man sich am besten beim Fachhändler oder Hersteller über den korrekten Zeitpunkt des Wechsels informieren.

Tierbesatz und Vergesellschaftung

Der Tierbesatz richtet sich grundsätzlich nach der Größe der jeweiligen Terrarien. Hierbei kann man sich, wie im Kapitel „Das Terrarium“ erwähnt, an den Mindestanforderungen orientieren. Die Geckos kann man sowohl als Paar als auch in Gruppen aus einem Männchen und mehreren Weibchen halten. Man sollte darauf achten, keine männlichen Tiere zu vergesellschaften, da sie sehr territorial sind. Unterdrückung des unterlegenen Exemplars und Beißereien wären schnell die Folge.

Probleme können jedoch auch in Paarhaltung auftreten, wenn das Weibchen durch die ständigen Paarungsversuche des Männchens unter übermäßigem Stress leidet. Dieser kann über einen längeren Zeitraum gesundheitliche Schäden nach sich ziehen.

Am besten pflegt man daher eine Gruppe von einem Männchen mit mehreren Weibchen – so lastet der Paarungsdruck nicht auf einem einzigen Weibchen, sondern verteilt sich auf mehrere. Stresserscheinungen wird somit vorgebeugt.

Von einer Vergesellschaftung mit anderen Tieren, wie Amphibien oder Echsen, ist abzuraten,

Tausendfüßer eignen sich nur bedingt zur Vergesellschaftung.

da das Erfüllen der Haltungsansprüche weiterer Arten oft Schwierigkeiten mit sich bringt. Außerdem ist der Aktivitätsraum in einem Terrarium, vergleicht man dies mit dem natürlichen Lebensraum, sehr stark eingeschränkt, sodass die Tiere wenig Möglichkeiten haben, sich aus dem Weg zu gehen.

Andere Terrarianer berichten trotz alledem von einer Vergesellschaftung mit Tieren, die ohne Probleme im Terrarium mit *C. ciliatus* zusammen gehalten wurden. So schildern De Vosjoli et al. (2003) die Gruppenhaltung mit Indonesischen Krokodilskinken (*Tribolonotus* sp.), Schneckenskinken (*Cyclodomorphus gerrardii*) und weiteren kleinen Waldskinken ähnlicher Größe. Als einzige wirbellose Arten bieten sich große Spezies der afrikanischen Tausendfüßer an. Sie halten sich vorwiegend auf dem Boden auf und ernähren sich vegetarisch. Auch heruntergefallener Kot wird von ihnen als Nahrung angenommen. So leisten sie ihren Anteil an der Reinhaltung der Terrarien. Bedingt durch ihre Größe fallen sie nicht in das Beutespektrum der Kronengeckos. Ganz unproblematisch gestaltet sich die Vergesellschaftung allerdings trotzdem nicht, da es auch Berichte gibt, nach denen diese Gliedertiere wohl den Eiern der Geckos nachstellen (P. Sound, mdl. Mittlg.) So empfehle ich generell nur eine Haltung in „artreinen" Becken. Hat man die Nachzucht der Tiere zum Wunsch, ist dies der praktikabelste Weg.

Ruheperiode

Während der Wintermonate sollte man eine Ruheperiode einhalten, in der die Temperaturen gemindert sowie die Beleuchtung der Terrarien um einige Stunden gekürzt werden. Die Temperaturwerte können am Tag 22–23 °C und in der Nacht ca. 16–20°C erreichen, wie oben schon erwähnt.

Eine Zeitschaltuhr erleichtert den täglichen Beleuchtungsrhythmus.

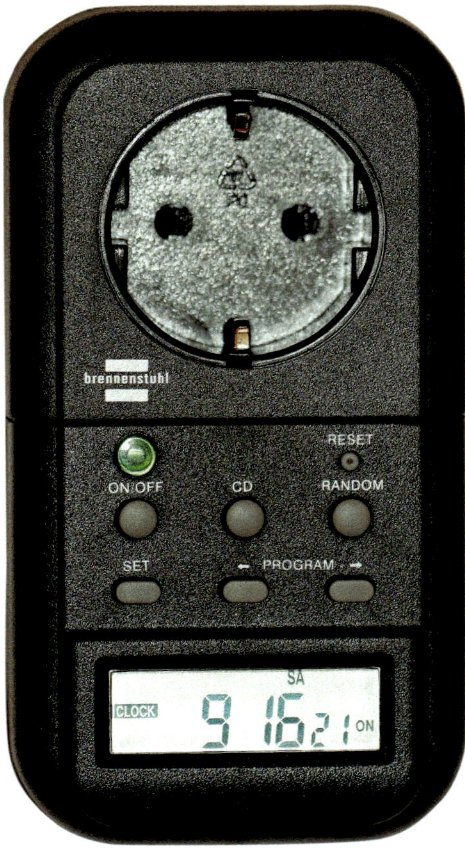

Die Beleuchtungsdauer wird von 13 Stunden auf neun Stunden verkürzt. Auch minimiere ich das tägliche Sprühen in dieser Zeit. Es wird über die ganze Ruhephase nur noch alle 2–3 Tage gesprüht und lediglich eine Wasserschale als Trinkmöglichkeit angeboten. Wie ebenfalls bereits angesprochen, sollen die Übergänge nicht abrupt, sondern fließend gestaltet sein. Dies vermeidet unnötigen Stress bei den Tieren. Der Organismus kann sich so langsam den Gegebenheiten anpassen.

Normalerweise vermindert sich der Paarungsdrang mit dem Herabsetzen der Temperaturen. Um aber sicher zu gehen, setzt man zusätzlich das männliche Tier in einen separaten Behälter. Außerdem wirkt sich die längere Trennung positiv auf das Paarungsverhalten im nächsten Frühjahr aus. Die gesamte Ruheperiode kann von November bis März/April andauern.

Pflegearbeiten

Die anfallenden Pflegearbeiten, die zu einer erfolgreichen Haltung und Zucht immer dazugehören, sind bei einem gut funktionierenden Terrarium für *C. ciliatus* als sehr gering zu bezeichnen.

Zu den täglichen Arbeiten gehört das Kontrollieren der Tiere, um

Durch Übersprühen der gesamten Einrichtung bietet man den Tieren die Möglichkeit, ihren Wasserbedarf über die sich bildenden Tropfen zu decken.

Krankheitsanzeichen oder Unregelmäßigkeiten früh genug erkennen und so schneller reagieren zu können. Auch sollte jeden Tag gesprüht werden, da die Tiere ihren täglichen Wasserbedarf teils durch das Sprühwasser decken. Außerdem kommt es so zu einem Anstieg der Luftfeuchte. Am besten sprüht man am Abend kurz nach dem Ausschalten der Beleuchtung. Hierdurch besteht für die Geckos die Möglichkeit, während ihrer Aktivitätsperiode das Wasser aufzunehmen.

Füttern sollte man die Tiere ein- bis dreimal pro Woche, wobei sich die Häufigkeit am Alter und an der jeweiligen Jahreszeit orientiert. So werden adulte Tiere im Sommer während der Legephase dreimal wöchentlich gefüttert. In den Wintermonaten kann man die Fütterungen auf einmal in der Woche reduzieren, da die Tiere in dieser Phase ihre Nahrungsaufnahme einschränken und nur noch einen Teil der sonst üblichen Futtermenge fressen. Jungtiere sollte man wenigstens jeden zweiten Tag mit Futter versorgen.

Da eine Gruppe von mehreren Tieren doch erhebliche Mengen an Kot produziert, sollte man ihn je nach Gruppengröße mindes-

tens einmal, besser zweimal wöchentlich entfernen. Dies verhindert ein starkes Geruchsaufkommen und die Entstehung von Krankheiten. Ist das Terrarium mit Erde eingerichtet, in der ausreichend Mikroorganismen vorhanden sind, ist es allerdings durchaus möglich, dass diese den Kot vollkommen zersetzen und nur noch selten verbleibende Reste entfernt werden müssen.

Wurde das Substrat mit Laub abgedeckt, sollte die Laubschicht bei Zerfall oder starker Verdichtung öfter aufgelockert bzw. aufgefüllt und teilweise ausgetauscht werden. Auch der Bodengrund ist von Zeit zu Zeit zu erneuern. Wichtig ist dabei, den neuen Bodengrund wieder mit Mikroorganismen anzureichern.

Besteht der Bodengrund aus einer Sandschicht, ist diese relativ einfach zu reinigen. Man kann die Kotreste ohne Probleme mit einer Staubsaugerdüse entfernen und den fehlenden Sand durch neuen ersetzen. So erreicht man automatisch einen Austausch des Bodengrundes.

Defekte oder veraltete Lampen sollten immer sofort erneuert, verschmutzte Wasserschalen und verstopfte Beregnungsdüsen direkt gesäubert werden.

Zophobas

Ernährung

Kronengeckos ernähren sich überwiegend insectivor und frugivor, also von Insekten als auch Früchten. Kotproben ergaben, dass die natürliche Nahrung zum Großteil aus Früchten besteht. Im Terrarium kann sich aber ein großer Teil der angebotenen Nahrung aus wirbellosen Tieren zusammensetzen (Seipp & Henkel 2000). Hamper (2003) beschreibt auch die Aufnahme von Pollen und Nektar aus den roten Blüten des *Geissoise*-Baumes.

Als Futter bieten sich die im Terrarienhandel üblichen Futtertiere an. Hier sind die verschiedensten Grillenarten zu empfehlen, auch Heimchen und diverse Heuschrecken sind geeignet. Des Weiteren werden Wachsmotten und deren Larven sowie die Larven des Schwarzkäfers und Schaben angeboten. Die Größe der Futtertiere sollte in etwa höchstens der Kopfbreite der Geckos entsprechen, sodass sie die Tiere noch ohne Probleme fressen können. Darauf ist besonders bei Schlüpflingen zu achten.

Die Futtertiere, die man bei einem Händler oder über den Versandhandel (Anzeigen in der REPTILIA) kauft, sollte man vor der Verfütterung zwischenhältern, da sie normalerweise schon längere Zeit in ihrem Behälter verbracht und so viele wichtige Nährstoffe durch mangelhafte Fütterung verloren haben. Um den Nährwert wieder zu steigern, bietet es sich deshalb an, die Futtertiere in einer größeren Box mit hochwertigem Feucht- und Trockenfutter zu versorgen und sie erst nach ein bis zwei Tagen an die Geckos zu verfüttern. Wer auf den Kauf von Futtertieren beim Händler und Züchter komplett verzichten möchte, hat die Möglichkeit, sich aus den Büchern von FRIEDRICH & VOLLAND (1998) und BRUSE et al. (2003) das Wissen und die notwendigen Handgriffe zu einer eigenen Futtertierzucht anzueignen.

Heimchen

An vegetarischer Kost werden von den Tieren am liebsten zerdrückte bzw. zerkleinerte Bananen gefressen. Die Fruchtgaben können aber auch durch Babybrei ersetzt werden, der ebenso gerne angenommen wird. Empfehlenswert ist die Geschmacksrichtung Pfirsich-Maracuja. Aber auch andere Sorten auf Apfel-, Aprikosen- oder Bananenbasis werden gerne gefressen.

Ein weiteres, in den USA entwickeltes Produkt ist „Crested Gecko Diet", das von „T-Rex Products" hergestellt wird. Es ist eine vollwertige Pulvernahrung, die man mit Wasser vermischt und zu einem Brei anrührt. Es kann nach Herstellerangaben anstelle von Früchtebrei und Insekten als Alleinfutter gegeben werden. REPASHY (2003) hat mehrere Generationen mit der ausschließlichen Gabe dieses Präparates aufgezogen. Die „Crested Gecko Diet" wird mittlerweile auf größeren Terrarienbörsen, im Terrraristik-Fachhandel und im Internet angeboten. Füttert man die Geckos dreimal wöchentlich, können z. B. 1–2 Futtergaben aus gedrückter Banane, Früchtebrei oder T-Rex-„Crested Gecko Diet" bestehen. Abwechslung ist hier der Schlüssel zum Erfolg. Verschmähen die Echsen entweder die Insekten oder die vegetarische Kost, sollte man bei der nächsten Fütterung das jeweils andere anbieten.

Zu den Futtermengen kann man keine allgemeinen Aussagen machen. Die Nahrungsaufnahme hängt von vielen Faktoren ab. Grundsätzlich sollte man keinesfalls mehr füttern, als bis zur nächsten Futtergabe verzehrt ist.

Früchte und verschiedene Sorten Nahrungsbrei sind gute Ergänzungen zur insectivoren Ernährung.

DER PRAXIS-TIPP

Um eine Futterverweigerung zu vermeiden, die bei der Erstanwendung von „Crested Gecko Diet“ auftreten kann, sollte man dieses Produkt zu Beginn mit dem gewohnten Früchtebrei vermischen. Nach und nach wird dann der Anteil des Kunstfutters gesteigert.

Wasserversorgung und Feuchtigkeit

Da der Lebensraum von *C. ciliatus* in der Natur recht feucht ist, spielen die Wasserversorgung und die Luftfeuchte auch in der Terrarienhaltung eine wichtige Rolle. Unter natürlichen Bedingungen können die Geckos ihren Feuchtigkeitsbedarf über Regen sehr gut decken. Deshalb ist es wichtig, die gesamte Einrichtung täglich mit temperiertem Wasser zu überbrausen. Zusätzlich wird eine den Tieren ständig zugängliche Wasserschale im Terrarium platziert. Man sollte darauf achten, dass diese bei Verunreinigungen durch Kot, tote Futtertiere oder Ähnliches sofort gereinigt wird. Auch sollte das eingefüllte Wasser stets frisch sein, da eine übermäßige Bakterienbildung und Krankheiten sonst die Folge wären.

Zeitsparend kann sich eine Beregnungsanlage auswirken. Sie besprüht täglich ein- bis zweimal und je nach Beckengröße über verschieden lange Zeiteinheiten die Terrarien und deckt so den Wasserbedarf der Tiere. Am besten ist die Beregnung in der ersten Phase der Dunkelheit. Eine Luftfeuchte von 60–80 % wird so

Beregnungsanlagen entlasten den Pfleger bei der täglichen Arbeit.

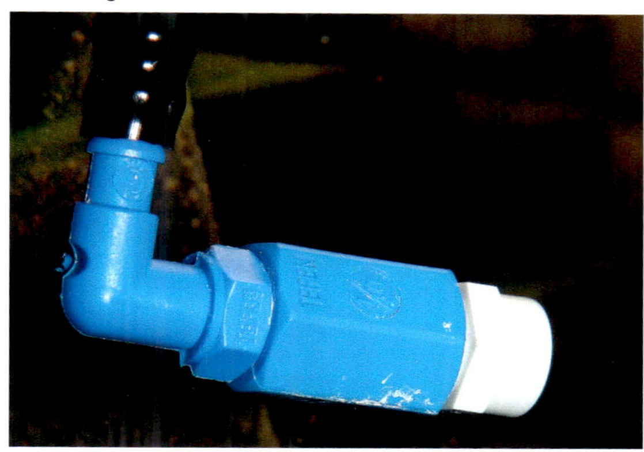

Über die Wasserschale decken die Tieren den größten Anteil ihres Wasserbedarfs.

durch das regelmäßige Sprühen ohne Probleme erreicht.

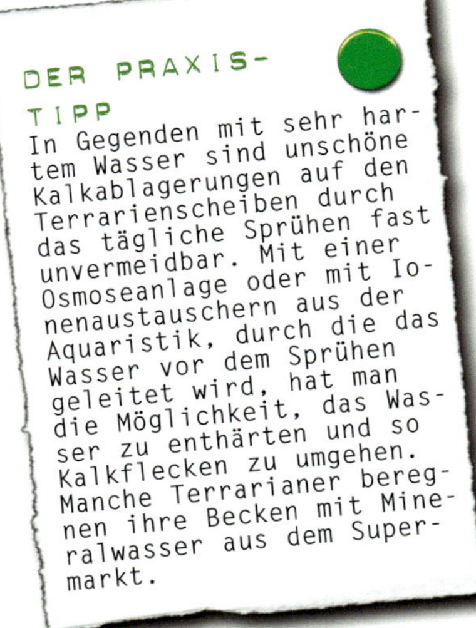

DER PRAXIS-TIPP

In Gegenden mit sehr hartem Wasser sind unschöne Kalkablagerungen auf den Terrarienscheiben durch das tägliche Sprühen fast unvermeidbar. Mit einer Osmoseanlage oder mit Ionenaustauschern aus der Aquaristik, durch die das Wasser vor dem Sprühen geleitet wird, hat man die Möglichkeit, das Wasser zu enthärten und so Kalkflecken zu umgehen. Manche Terrarianer beregnen ihre Becken mit Mineralwasser aus dem Supermarkt.

Zerkleinerte Sepiaschale hilft den Tieren, ihren hohen Kalziumbedarf zu decken.

Versorgung mit Vitaminen und Mineralstoffen

Es ist außerordentlich wichtig, das Futter bei jeder Fütterung mit Vitaminen und Mineralstoffen anzureichern. Eine ausgewogene Versorgung mit Kalzium ist von besonderer Bedeutung, da für eine artgerechte Ernährung von Geckos ein Kalzium-Phosphor-Verhältnis von 1,2–2 : 1 nötig ist (Kober 2004). Viele Futtertiere haben eine Zusammensetzung, die zugunsten des Phosphor-Gehaltes verschoben ist. Dieses Defizit muss nun durch einen erhöhten Kalziumanteil in den Mineralstoffpräparaten ausgeglichen werden. Dies geschieht, in dem man die Futtertiere in ein kleines Behältnis, etwa ein verschließbarer Becher oder eine Heimchendose, setzt, in das man zuvor eine Vitamin-Mineralstoff-Mischung gegeben hat. Dann werden die Insekten durch vorsichtiges Schütteln mit dem Pulver eingestäubt, bis sie weiß sind. Empfehlenswert sind hierbei Produkte wie „CALCAmineral" (Calcanit + Pego, Münster) und „Korvimin ZVT" (WDT, Garbsen). Oft vermischt man „Korvimin ZVT" im Verhältnis 1 : 1 mit Calciumlactat, um den Kalziumgehalt noch weiter zu erhöhen. In der letzten Zeit wird von den Herstellern von „Korvimin ZVT", das eigentlich für Vögel vorgesehen war, eine Rezeptur speziell für Reptilien vermarktet. Dieses Präparat ist an der Zusatzbezeichnung „+ Reptil" zu erkennen. Die Nahrungszusätze werden außer im Fachhandel auch von Zeit zu Zeit auf Reptilienbörsen angeboten. Speziell „Korvimin ZVT" ist allerdings nur über den Tierarzt erhältlich.

Zur zusätzlichen Versorgung mit Kalzium sollte immer ein Schälchen mit zerstoßenem Sepiaschulp angeboten werden, an dem die Tiere ständig ihren Bedarf decken können.

Flüssige Vitamine wie z. B. „Vitakombex" (Pharmacia & Upjohn GmbH, Erlangen) oder „Sanostol" (Altana, Konstanz) können zusätzlich ganz unkompliziert über eine Wasserschale verabreicht werden.

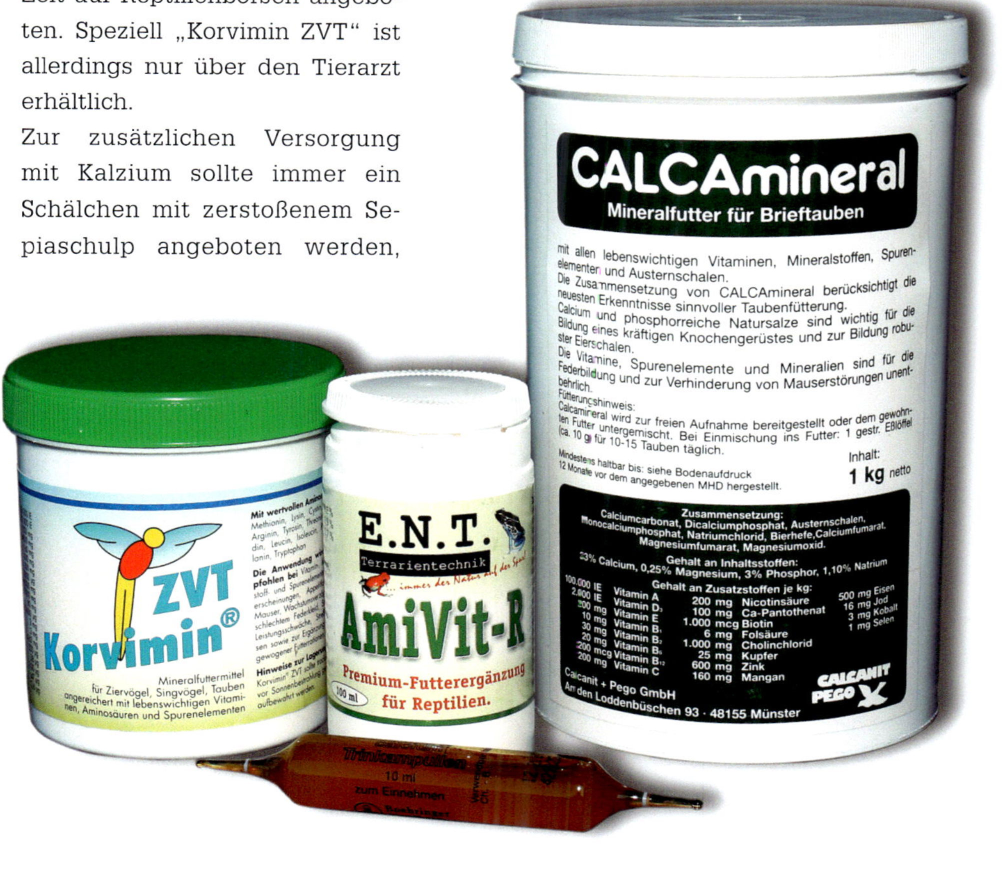

Mineralstoffpräparate sollten bei jeder Fütterung Verwendung finden.

Krankheiten

IM folgenden Kapitel sollen einige Krankheiten besprochen werden, die ein Kronengecko bei ungenügender Pflege oder durch Ansteckung bei anderen erkrankten Tiere erleiden kann. Hierbei gilt es für den Terrarianer, die Erkrankungsursachen zu erkennen, um damit effektiv Problemen vorbeugen oder sie ganz vermeiden zu können. Auch wird so ein frühzeitiges Einschreiten bei trotzdem ausgebrochenen Erkrankungen ermöglicht. Bei dem Verdacht auf eine Krankheit empfiehlt es sich, das Tier umgehend einem reptilienkundigen Tierarzt vorzustellen. Eine Liste mit Veterinären, die sich mit Reptilien beschäftigen, ist über die DGHT erhältlich und auf deren Homepage einsehbar. Nach einer ausführlichen Diagnostik wird der Tierarzt dann die notwendigen Behandlungsmaßnahmen anordnen und auch durchführen.

Außerdem ist es wichtig, unabhängig von Diagnose und Behandlung, das kranke Tier sofort einzeln in einem Quarantäneterrarium unterzubringen, um die Ansteckung anderer Tiere zu vermeiden.

Wichtig sind z. B. perfekte Häutungen auf der Unterseite der Zehen, damit der Gecko normal laufen kann
Foto: E. Isselee / Shutterstock

Parasitosen

Grundsätzlich unterscheidet man zwischen Endoparasiten (Innenparasiten), die durch Würmer, deren Entwicklungsstadien und Einzeller vertreten sind, und Ek-

toparasiten (Außenparasiten) wie Milben. Parasitosen können bei Wildfängen, Tieren, die mit diesen in Kontakt waren oder Exemplaren, die in nicht ausreichend gereinigten Behältern leben, auftreten.

Endoparasiten werden durch Abstriche der Schleimhaut oder in Kotproben von bestimmten Untersuchungsstellen oder Tierärzten diagnostiziert. Diese Stellen schicken das Ergebnis und eine entsprechende Medikationsempfehlung an den Halter. Die Medikation sollte mit einem reptilienkundigen Tierarzt abgestimmt werden, wobei die orale Gabe oft selbst durchgeführt werden kann. Da es sich oft um Medikamente handelt, die gut unter Früchtebrei gemischt werden können, ist eine Dosierung über die Nahrung leicht möglich. Hierbei sollte man auf die Gabe aus Futterschälchen verzichten, da sonst nicht hundertprozentig festzustellen wäre, ob die Tiere die komplette Medikamentenmenge aufgenommen haben. Daher sollte man die notwendige Menge an Brei mit den Medikamenten vermischen, in eine Spritze oder eine Plastikpipette aufziehen und diese Lösung den Tieren direkt ins bzw. ans Maul spritzen, wobei darauf zu achten ist, dass der Brei nicht in die Luftröhre gelangt.

Ektoparasiten, oft durch Milben vertreten, findet man häufig an den Extremitäten, im Ohr-, Ellenbogen- oder Augenbereich. Oftmals sind sie als kleine rote Punkte zu erkennen. Geringe Mengen kann man vorsichtig mit einem Pinsel entfernen, bei größerer Anzahl sollte man Pausen einlegen, sodass sich das betroffene Tier beruhigen kann. Ist die Menge so groß, dass man die Parasiten nicht mehr durch ein Absammeln beseitigen kann, muss man mit speziellen Mitteln behandeln. Neue Präparate hierzu versprechen hohe Behandlungserfolge und nur geringe zu erwartende Nebenwirkungen. Lassen Sie sich hierüber von einem reptilienkundigen Tierarzt beraten.

Behandelt man Parasitosen nicht, ist es möglich, dass der gesamte Tierbestand durch Verschleppung oder aktives Wandern infiziert wird.

PRAXISTIPP
Oftmals bereitet die Verabreichung des Medikamentenbreis bei Kronengeckos große Probleme, da die Tiere das Maul nicht freiwillig öffnen. Streicht man das Breigemisch um das Maul, beginnen die Geckos allerdings oft nach kurzer Zeit, dieses abzulecken. Träufelt man ständig nach, wird die gewünschte Menge von der Pipette genommen.

Rachitische Erscheinungen

Unter Rachitis versteht man eine Stoffwechselstörung, die auf einen Mangel an Vitamin D_3, einen generellen Mangel an Kalziumgaben oder ein ungünstiges Kalzium-Phosphor-Verhältnis in der Nahrung zurückzuführen ist. Hierbei treten die Symptome oft bei Weibchen während der Legeperiode auf, da sie in dieser Zeit eine große Menge an Kalzium aufbringen müssen. Auffallende Anzeichen dieser Erkrankung sind Deformationen an Kiefer, Gliedmaßen und Wirbelsäule. Hierbei werden die Knochen durch Kalziumentzug weich. Dadurch können sich die Tiere kaum noch fortbewegen bzw. durch die Erweichung der Kieferknochen keine feste Nahrung mehr aufnehmen. Eine solche Erkrankung kann durch ausreichende Gaben von Kalzium und Vitamin D_3 vermieden werden. Köhler (1996) gibt Mengen von 50–100 I.E. D_3/kg Körpergewicht wöchentlich als Richtwert an.

Autotomie

Autotomie ist das Abwerfen des Schwanzes bei großer Gefahr, keine Krankheit. Diese Reaktion haben die Tiere zum Schutz vor Prädatoren entwickelt. Der Schwanz bewegt sich nach dem Abwerfen an der Schwanzbasis noch sehr heftig hin und her. Er hat die Aufgabe, die Aufmerksamkeit der Fressfeinde von dem Körper der Echse abzulenken. Sie kann so unbemerkt flüchten. In der Terrarienhaltung kann dies eintreten, wenn man den Gecko an seinem Schwanz packt, oder er sich sehr gestresst und bedroht fühlt. Bei *C. ciliatus* ist das Regenerierungsvermögen kaum vorhanden, sodass sich als Regenerat nur ein kleiner Knopf ausbildet.

Knickschwanz

Dieses Syndrom ist bisher unter den Vertretern der Gattung *Correlophus* nur von *C. ciliatus* bekannt. Sitzt der Gecko senkrecht mit dem Kopf nach unten an der Scheibe, knickt der Schwanz ab, sodass er im fortgeschrittenen Zustand parallel zum Rücken hängt. Auffällig ist dann ein Knick im dorsalen Bereich der Schwanzbasis.

In der Phelsumenhaltung ist dieses Phänomen von vielen Arten dokumentiert und wird auf Haltungs- und Ernährungsfehler zurückgeführt. Da *C. ciliatus* jedoch keine übermäßigen Fettreserven

Kronengeckos sind nicht in der Lage, ihre abgeworfenen Schwänze in kompletter Länge zu regenerieren.

im Schwanz speichert, vermutet man eher andere Ursachen. So vertreten De Vosjoli & Billuni (2000) drei abweichende Erklärungsansätze. Sie geben als Ursachen für den Knickschwanz eine Kalziumunterversorgung, unpassende Aufenthaltsflächen, an denen die Geckos mit dem Kopf nach unten sitzen müssen sowie eine Schwäche des Schwanzansatzes an. Anfänge des Syndroms sind oft an einem leichten Abknicken des Schwanzes in Richtung Kopf zu erkennen. In diesem Stadium lassen Änderungen an der Terrarieneinrichtung und der Ernährung noch eine Verhinderung der völligen Ausprägung zu.

Verletzungen

Oft werden Verletzungen durch Beißereien bei Streitigkeiten unter den Tieren verursacht. Sie können aber auch durch Einrichtungsgegenstände entstehen, wenn diese nicht ausreichend gesichert oder zu scharfkantig sind. Wichtig ist daher, die Einrichtung so im Terrarium zu befestigen, dass Verletzungen gar nicht erst auftreten können, bzw. rivalisierendes Verhalten der Tiere frühzeitig zu erkennen und diese zu separieren. Kommt es trotzdem zu Wunden oder Abschürfungen, hilft in den meisten Fällen eine antibiotische Salbe, die auf die betroffene Stelle aufgetragen wird. Bei größeren Abschürfungen oder schweren Bissverletzungen mit Blutaustritt sollte umgehend ein Tierarzt aufgesucht werden, der diese mit geeigneten antiseptischen Mitteln behandelt und wenn notwendig nähen kann. Werden die erforderlichen hygienischen Maßnahmen erfüllt, bereiten kleinere Verletzungen meist keine großen Probleme.

Häutungsprobleme

Da die Hauptursachen von Häutungsproblemen noch nicht eindeutig geklärt sind, geht man von mehreren beeinflussenden Faktoren aus. Neben zu geringer Luftfeuchte und Ernährungsfehlern wird häufig ein Vitamin-A-Mangel als Auslöser angenommen. Stellt man Häutungsprobleme so frühzeitig fest, dass die alte Haut noch nicht am Körper festgeklebt ist, kann man dem Gecko mit wenig Aufwand helfen, sich aus seiner Haut zu befreien. Kleine Hautreste an Bauch und Rücken können dabei vernachlässigt werden und bis zur nächsten Häutung auf dem Körper bleiben. Sind die Stellen mit verbleibender Haut größer, kann man versuchen, sie mit einer fetthaltigen Salbe einzucremen und sie so abzulösen. Werden allerdings Extremitäten durch die restliche Haut abgeschnürt, sollte diese sofort von den jeweiligen Stellen entfernt werden, um ein Absterben der Gliedmaßen zu verhindern. Beim Ablösen der Haut muss darauf geachtet werden, dass die Haftlamellen unter den Zehen nicht verletzt werden, da hierdurch ihre Funktion beeinträchtigt würde. Um die Hautreste besser entfernen zu können, hilft es oft, den Gecko für kurze Zeit in eine Dose mit feuchtem Küchenpapier zu setzen. Beim bloßen Ablösen der Haut sollte es aber nicht bleiben. Hiermit wird nur auf die Symptome reagiert, die Ursachen werden aber nicht bekämpft. Deshalb sollte man bei Häutungsproblemen grundsätzlich die Haltung und Ernährung der Tiere überdenken und gegebenenfalls optimieren.

Legenot

Unter Legenot versteht man den Zustand von Weibchen, die nicht in der Lage sind, Eier abzulegen. Sie kann unterschiedliche Ursachen haben. Hierzu zählen u. a. Stress durch häufige Paarungsversuche des Männchens oder durch einen zu hohen Tierbesatz, organische Störungen wie Eileiterentzündungen, Vitamin- und Mineralstoffmangel, falsche Terrarientemperaturen oder ein Mangel an geeigneten Eiablageplätzen. Eine eingetretene Legenot erkennt man am steten Umherwandern des trächtigen Weibchens zum Ende der Tragzeit oder über den potenziellen Ablagetermin hinaus. Nicht selten wirken die Tiere dabei schlapp und erschöpft. In diesem Fall ist der Gecko sofort dem Tierarzt vorzustellen. Er wird nach einer gründlichen Untersuchung eine Kalziumration verabreichen und einige Stunden später das Wehenmittel Oxytocin spritzen. Beim betroffenen Weibchen sollten nun Muskelkontraktionen ein Herauspressen der Eier bewirken. Ist dies nicht der Fall und eine nochmalige Gabe des Wehenmittels ebenfalls ohne Erfolg, bleibt nur noch die Möglichkeit des chirurgischen Eingriffs durch einen sachkundigen Tierarzt.

Nachzuchten

IN der Terraristik spielt die Nachzucht der gehaltenen Tiere eine der großen Schlüsselrollen. So sollte jeder engagierte Terrarianer darum bemüht sein, seine Tiere artgerecht und entsprechend den jährlichen klimatischen Zyklen zu halten. Kommt der Besitzer dieser Aufgabe nach, und wird mindestens ein Paar der Art gepflegt, kommt es meist zu Paarungen und Eiablagen. Finden die Weibchen eine Stelle, die über einen längeren Zeitraum eine optimale Bodenfeuchte und geeignete Temperaturen bietet, kann es sogar schon im Terrarium zu Schlupferfolgen kommen. Für eine gezielte Nachzucht bedarf es aber einiger Vorbereitung und eines Basiswissens zur Inkubation der Eier sowie zur Aufzucht der Jungtiere.

Geschlechtsbestimmung

Die Geschlechter lassen sich bei *C. ciliatus* relativ leicht unterscheiden. Hierzu orientiert man sich an den Strukturen der Prä- und Postanalregion, also des Bereichs vor und hinter der Analspalte. Vor dem Kloakenspalt befinden sich bei männlichen Tieren ab einer Größe von 10 cm Präanalporen. Diese sind mit einer zehnfach vergrößernden Lupe zu erkennen. Sie bestehen aus porenartigen Öffnungen, die in einer V-förmig angelegten, oftmals vergrößerten Schuppenreihe mittig angeordnet sind. Aus diesen werden bei geschlechtsreifen Tieren drüsenartige Sekrete ausgeschieden. In der Postanalregion besitzen Männchen stark

Männliche Tiere sind an den stark ausgeprägten Hemipenistaschen in der Schwanzwurzelregion zu erkennen.

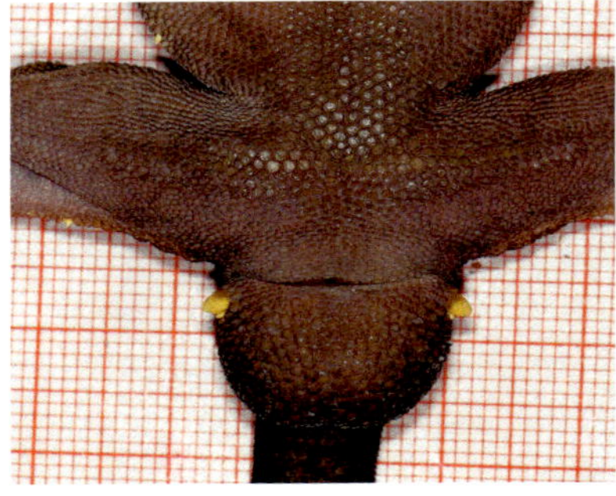

Weiblicher Kronengecko

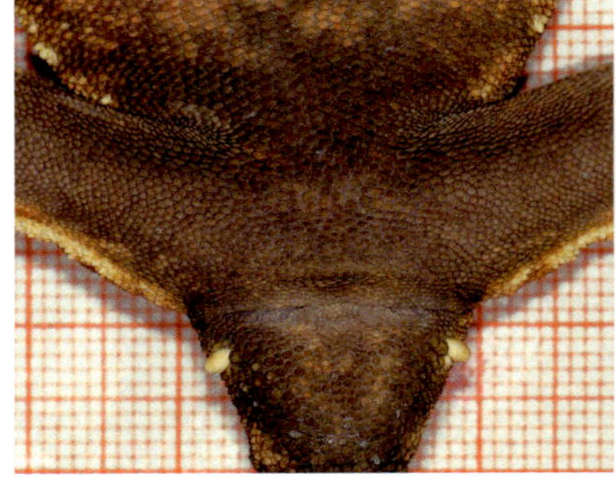

Der Bedarf an *Correlophus ciliatus* für die Terraristik kann heute ausschließlich über Nachzuchten gedeckt werden.

ausgeprägte Tuberkelschuppen beiderseits der Schwanzwurzel. Bei Weibchen sind diese kaum ausgebildet. Insgesamt ist die Schwanzbasis der männlichen Tiere enorm verdickt. Dies wird durch die Hemipenistaschen verursacht, in der die beiden angelegten Hemipenes liegen, das paarige Begattungsorgan der Geckos.

Paarungsverhalten

Kronengeckos erreichen in einem Alter von 8–9 Monaten die Geschlechtsreife. Allerdings sind die Tiere zu diesem Zeitpunkt noch nicht voll ausgewachsen. Deshalb sollte man mit der Verpaarung noch warten, bis die Tiere nahezu ihre Endgröße erreicht haben. Viele Züchter richten sich dabei auch nach dem Gewicht der Geckos. Haben die Weibchen ein Gewicht von 30 g, können sie mit den Männchen vergesellschaftet werden. Diesen Wert sollte man als Untergrenze betrachten, besser sind 35 g. Eine derartige Masse sollten die Tiere nach frühestens 13–14 Monaten erreicht haben. Verpaart man jüngere Exemplare oder Geckos mit geringerem Gewicht, kann es durch die Produktion der Eier und das gleichzeitige Wachstum zu einer Kalziumunterversorgung kommen, die den Weibchen erheblich schadet. Die Auswirkungen sind im Kapitel „Krankheiten" unter „rachitische Erscheinungen" nachzulesen.

Zur Synchronisation der Geschlechter bietet sich die in einem vorigen Kapitel schon erwähnte Ruheperiode an. Sobald die Temperaturen am Ende dieser Periode wieder ansteigen, kann das männliche Tier, das die Ruhephase in einem separaten Behälter verbracht haben sollte, zu den Weibchen gesetzt werden. Danach kann man oft schon in den ersten Stunden der Aktivitätsperiode Paarungsversuche beobachten. Hierbei folgt das Männchen dem weiblichen Tier eine kurze Zeit durch das Terrarium. Kommt es nicht zu einer Flucht des Weibchens, hält das Männchen seine Partnerin durch einen leichten Nackenbiss fest. Bei Paarungsbereitschaft bleibt das Weibchen in dieser Position, und das Männchen kann sich von hinten um das Weibchen klammern. Das männliche Tier schiebt dann seitlich seine Kloake über die des Weibchens und führt einen Hemipenis in die Geschlechtsöffnung der Partnerin ein. In dieser Position verharren die Tiere, bis die Paarung nach einer Dauer zwischen fünf und 30 Minuten abgeschlossen ist.

Trächtigkeit und Eiablage

Die Trächtigkeitsdauer beträgt im Regelfall 4–6 Wochen. Durch äußere Faktoren kann diese Zeit aber in ihrer Dauer beeinflusst werden. So sind niedrige Temperaturen oder geringe Luftfeuchte oft ein ausschlaggebender Faktor dafür, dass die Weibchen ihre Eier zurückbehalten und so keine Eiablage erfolgt. Bei einer Verbesserung der Missstände legen die Weibchen oft in der folgenden Nacht. Ein solcher Zustand ist jedoch immer als höchst kritisch zu betrachten, da er auch schnell in eine Legenot (siehe „Krankheiten") übergehen kann.

Weibliche Vertreter der Gattung *Correlophus* besitzen die Fähigkeit zur Vorratsbefruchtung. Das bedeutet, dass die Weibchen die männlichen Geschlechtsprodukte speichern und, obwohl lange im

Als Eiablageplatz bieten sich Kunststoffdosen an.

Ein weibliches Tier bei der Eiablage

Voraus keine Paarung mehr stattgefunden hat, befruchtete Eier produzieren können. Diese Fähigkeit birgt in der Praxis die Gefahr, dass befruchtete Weibchen nur noch schwer von folgenden Eiablagen abzuhalten sind. Gerade für unerfahrene Geckopfleger ist es aber wichtig, den Weibchen Ruhepausen zu gönnen. Da oft auch durch die Regulation der Klimawerte über das Jahr hinweg Paarungen nicht vermieden werden können, sollte das Männchen früh genug von den Weibchen getrennt werden. Da die körperliche Beanspruchung bei legenden Weibchen relativ hoch ist, sollte eine maximale Zahl von 4–6 Gelegen pro Weibchen und Jahr nicht überschritten werden. Ansonsten können leicht Mangelerscheinungen auftreten. Da die Spermienspeicherung gewöhnlich für bis zu fünf Gelege ausreicht, kann theoretisch bereits eine Trennung nach Ablage der ersten befruchteten Eier erfolgen.

Die Gelege von *C. ciliatus* bestehen meist aus zwei weichschaligen ovalen Eiern mit einer Größe von 21–24 x 8,5–11 mm und einem Gewicht von 1,20–2,8 g (Seipp & Henkel 2000).

Die Eier werden meistens nachts im feuchten Bodengrund vergraben. Da die Tiere am Ende der Trächtigkeit im hinteren Bauchbereich einen starken Volumenzuwachs zu verzeichnen haben, erkennt man eine Ablage an dieser danach etwas eingefallenen Region.

Um sicher zu gehen, dass die Eier immer schnellstmöglich aufgefunden werden, bietet es sich an, eine gezielte Eiablagemöglichkeit für die Tiere zu schaffen. Dies geschieht mittels einer blickdichten Haushaltsdose aus Kunststoff. Um diese in eine Ablagebox umzubauen, schneidet man in den Deckel ein Loch. Dieses sollte im Durchmesser etwas größer als der des kräftigsten Kronengeckos sein. So gewährt die Dose dem Gecko den nötigen Schutz während der Eiablage. Gefüllt wird sie mit einem Sand-Torf-Gemisch, das leicht feucht gehalten wird. Ein optimaler Wert der Substratfeuchte ist erreicht, wenn aus dem Gemisch beim Auspressen mit der Hand keine großen Mengen Wasser mehr fließen.

Als Bodengrund der Terrarien wird bei dieser Methode Sand gewählt, der trocken zu halten ist. Die Pflanzen sind, wie in dem Kapitel „Einrichtung“ dargestellt, in Töpfen in das Terrarium eingebracht.

DER PRAXIS-TIPP

Damit die Kronengeckos die Box und nicht die ebenfalls feuchten Blumentöpfe als Ablageort für ihre Eier auswählen, kann man die Erde in den Töpfen mit schweren Kieselsteinen bedecken.

Inkubation

Zur Inkubation werden die Eier aus der Ablagebox entnommen und in einen Brutkasten überführt. Es besteht zwar auch die Möglichkeit, die Eier im Terrarium zu zeitigen, doch ist es schwer, dort eine konstant glei-

Mit Kieselsteinen abgedeckte Blumentöpfe verhindern, dass trächtige Weibchen ihre Eier darin ablegen.

Die Eier werden in dicht schließenden Haushaltsdosen auf leicht feuchtem Perlite gezeitigt.

Brutkasten für die Inkubation verschiedener Reptilieneier

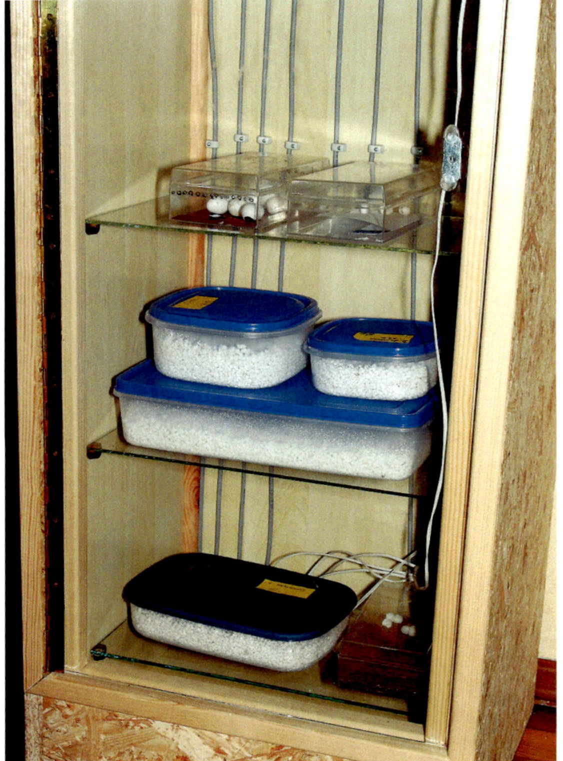

che Feuchtigkeit herzustellen und zu halten. Feuchtet man das Substrat zu stark an oder trocknet es aus, führt dies zum Absterben der Embryonen im Ei.

Daher ist es empfehlenswerter, die Eier in einem Inkubator zu zeitigen und Jungtiere unter kontrollierten Bedingungen zu erbrüten. Solche Brutkästen kann man fertig aus dem Zoohandel erhalten oder sich selbst bauen. Die weichschaligen Eier werden in einer Kunststoffdose in leicht feuchtes Perlit gebettet. Dabei empfiehlt es sich, sie zu ca. drei Vierteln einzugraben, um das Ei möglichst gleichmäßig der Umgebungsfeuchte auszusetzen. Ein Viertel sollte zur Kontrolle der Gelege sichtbar bleiben. Auch andere Brutsubstrate wie Vermiculit oder *Sphagnum* können verwendet werden. Um Ausfälle durch Schädigungen der sich entwickelnden Junggeckos auszuschließen, sollte das Substrat gegen Ende der Inkubationszeit nicht mehr stark nachgefeuchtet werden, sondern etwas abtrocknen.

Die Inkubationszeit gestaltet sich je nach Temperatur sehr unterschiedlich. So konnten Seipp & Henkel (2000) bei Temperaturen von 20–26 °C eine Brutzeit von 60–121 Tagen feststellen. Köhler

(1997) gibt bei einer Temperatur von 26–29 °C eine Inkubationsdauer von 63–71 Tagen an.

Will man Einfluss auf das Geschlechterverhältnis nehmen, kann man dies mit Hilfe der Temperaturwerte erreichen. Bei Werten von 26–27 °C schlüpfen größtenteils weibliche Jungtiere. Bei Temperaturen über 27 °C erhält man fast ausschließlich Männchen. Diese Geschlechterverteilung zu Gunsten der männlichen Tiere konnte auch bei einer Inkubation bei Zimmertemperatur beobachtet werden (Seipp & Henkel 2000; Höss in Klusmeyer 1999).

Aufzucht der Jungtiere

Correlophus-ciliatus-Jungtiere schlüpfen mit einer Kopf-Rumpf-Länge von 38–42 mm und einer Schwanzlänge zwischen 33 und 36 mm. Die Tiere wiegen zu diesem Zeitpunkt zwischen 1,5 und 2,0 g. Kurz nach dem Schlupf beginnen die Echsen mit ihrer ersten Häutung. Diese sollte abgeschlossen sein, bevor sie in die Aufzuchtterrarien umgesetzt werden. So gibt man ihnen die Möglichkeit, sich von den Strapazen des Schlupfvorgangs zu erholen. Auch sind die Sehfähigkeit der Augen und die Haftfunktion der Geckofüße während der Häutung immer stark eingeschränkt, wodurch bei einer Störung Stresssituationen durch die reduzierte Bewegungsfähigkeit entstehen können.

Anfangs sollte man die Kronengeckos in kleinen Terrarien halten. Hierzu eigenen sich sowohl Becken aus Glas als auch „Fauna-“ oder „Petboxen“, die in unterschiedlicher Größe im Terraristikhandel erhältlich sind. Am besten ist für den Anfang eine Größe von 20 x 20 x 25 cm (B x T x H) – in solchen Behältern können die Tiere in den ersten Monaten problemlos einzeln untergebracht werden. Strebt man eine Gruppenaufzucht an, wählt man entsprechend größere Behälter. Dieser sollte für eine Gruppe von 4–6 Tieren anfangs eine Größe von ca. 30 x 30 x 40 cm

Diese Plastikdosen eignen sich sehr gut für die Aufzucht von Jungtieren.

Jungtiere schlüpfen mit einer Kopf-Rumpf-Länge von ca. 40 mm.

6
III
7
D 85
1.3.60
8

Correlophus ciliatus **kurz nach dem Schlupf**

(B x T x H) aufweisen. Der Bodengrund besteht aus einem feuchtigkeitsspeichernden Substrat, wie Kokosfasern, um so die Luftfeuchte in den Behältern zu erhöhen. Als Einrichtungsgegenstände dienen fingerdicke Äste, Rinden- oder Korkstücke, die gegen ein Verrut-

Dank

ICH möchte die Arbeiten an diesem Buch nicht beenden, ohne mich bei den Personen zu bedanken, die zum Gelingen beigetragen haben. Ich danke Steven Arth und Sandra Baus, Neunkirchen/Saar, für die kritische und akribische Durchsicht des Manuskriptes. Ebenfalls danke ich Hans-Peter Berghof, Meerane, und Peter Sound, Boppard, für das freundlicherweise zur Verfügung gestellte Bildmaterial. Gesondert möchte ich meiner Mutter danken, Rita Bach, Wemmetsweiler, die mit unendlicher Geduld während meiner Abwesenheit meine Tiere versorgt.

schen oder Herunterfallen gut gesichert werden sollten. Wird sonst ein kleines Tier eingeklemmt, kann es leicht zu Verlusten kommen. Die Temperaturen sollten Werte um die 26 °C am Tag erreichen. Nachts können sie auf Zimmertemperatur fallen. Zum Decken des Wasserbedarfs sollte die Einrichtung der Aufzuchtbehälter einmal täglich übersprüht werden. Zur Ergänzung der Wasserversorgung kann noch zusätzlich ein kleiner Wassernapf angeboten werden. Die Jungtiere nehmen in den ersten 2–3 Tagen keine Nahrung auf, sie leben in dieser Zeit von ihrem beim Schlupf resorbierten restlichen Dotter. Anschließend bevorzugen sie, wie die Adulti (geschlechtsreife Tiere), Insekten entsprechender Größe und Früchtebrei. Die Futtergaben sollten alle zwei Tage erfolgen und immer mit einem Vitamin- und Mineralstoffgemisch angereichert werden. So werden eine unproblematische Aufzucht und ein gesundes Wachstum gesichert. Auch bei den Jungtieren trägt ein Schälchen mit geraspeltem Sepiaschulp zur zusätzlichen Kalziumversorgung bei.

Bei ausreichender Fütterung haben die Tiere bereits nach vier Monaten ihre Körpermasse um das Vierfache gesteigert.

Kopfporträt von *Correlophus ciliatus*

Weiterführende Informationen

ZUR Vertiefung der in diesem Buch gegebenen Informationen und zum weiteren Einblick in terraristische und herpetologische Themenbereiche empfehlen sich die Mitgliedschaft in einem Verein gleich gesinnter Terrarianer so-

Vereine und Interessengruppen

Die Deutsche Gesellschaft für Herpetologie und Terrarienkunde (DGHT e. V.; www.dght.de) ist die weltweit größte Gesellschaft ihrer Art und bringt Wissenschaftler, Hobbyherpetologen und Terrarianer zusammen. Innerhalb der DGHT existiert die AG Echsen, die sich auch mit Kronengeckos beschäftigt und jährliche Fachtagungen veranstaltet.

Zeitschriften

- REPTILIA
Terraristik-Fachmagazin
Natur und Tier - Verlag GmbH
An der Kleimannbrücke 39/41
48157 Münster
Tel.: 0251-133390
E-Mail: verlag@ms-verlag.de

- elaphe
(nur für Mitglieder der DGHT)

wie ein intensives Literaturstudium. Die folgenden Auflistungen sollen dabei behilflich sein, einen Einstieg in die Thematik zu finden, können aber natürlich nur einen kleinen Ausschnitt aufzeigen.

Untersuchungsstellen

Kotproben, Sektionen und andere Untersuchungen können von spezialisierten Tierärzten oder von veterinärmedizinischen Untersuchungsstellen vorgenommen werden, die es in vielen Städten gibt.
Eine Liste mit Tierärzten, die sich mit Reptilien und Amphibien beschäftigen, kann über die DGHT bezogen oder auf www.dght.de eingesehen werden.
Überregional bekannt sind z. B. folgende Einrichtungen:

- exomed (www.exomed.de)
- LABOKLIN (www.laboklin.de)
- Landesbetrieb Hessisches Landeslabor (www.lhl.hessen.de)

Viel Spaß und Erfolg mit Ihren Kronengeckos!
Foto: E. Isselee / Shutterstock

Weiterführende und verwendete Literatur

BAUER, A. M. & R. A. SADLER (2000): The Herpetofauna of New Caledonia. – Society for the Study of Amphibians and Reptiles, Ithaca, 310 S.

BRUSE, F., M. MEYER & W. SCHMIDT (2003): PraxisRatgeber Futtertiere. – Edition Chimaira, Frankfurt am Main, 143 S.

BUNDESAMT FÜR ERNÄHRUNG, LANDWIRTSCHAFT UND FORSTEN (1997): Gutachten über die Mindestanforderungen an die Haltung von Reptilien. – Inhaltlich unveränderte Sonderausgabe der Deutschen Gesellschaft für Herpetologie und Terrarienkunde (DGHT) e.V., Rheinbach.

DE VOSJOLI, P. & K. BILLUNI (2000): Natural History, Captive Husbandry and Breeding of the New Caledonien Crested Gecko - *Rhacodactylus ciliatus*. Part 3. Diseases and Disorders. –The Vivarium 11 (1): 30–31.

DE VOSJOLI, P, F. FAST & A. REPASHY (2003): *Rhacodactylus* – The Complete Guide to their Selection and Care. –Advanced Visions Inc., California, 296 S.

FRIEDERICH, U. & W. VOLLAND (1998): Futtertierzucht: Lebendfutter für Vivarientiere. – 3. überarb. Aufl. – Verlag Eugen Ulmer, Stuttgart, 187 S.

HAMPER, R. (2003): The Crested Gecko, *Rhacodactylus ciliatus*, in Captivity. – ECO Publishing, Lansing, 69 S.

HENKEL, W. & W. SCHMIDT (1991): Geckos: Biologie, Haltung und Zucht. – Verlag Eugen Ulmer, Stuttgart, 223 S.

- (2003): Geckos: Biologie, Haltung und Zucht. 2. überarb. Aufl. – Verlag Eugen Ulmer, Stuttgart, 175 S.

KLUSMEYER, B. (1999): *Rhacodactylus ciliatus* (GUICHENOT). – Sauria (Supplement) 21 (3): 467–470.

KOBER, I. (2004): Der Große Madagaskar-Taggecko. *Phelsuma madagascariensis grandis*. –Natur und Tier - Verlag, Münster, 64 S.

KÖHLER, G. (1996): Krankheiten der Reptilien und Amphibien. – Verlag Eugen Ulmer, Stuttgart, 168 S.

- (1997): Inkubation von Reptilieneiern. – Herpeton, Offenbach, 205 S.

MYERS, A. (1999): New Caledonian Gecko of the Genus *Rhacodactylus*. – GEKKO, 1 (1): 30–34.

RÖLL, B. & F.W. HENKEL (2003): Männlein oder Weiblein?. Rops e.V. Erste Ergebnisse der Forschungsarbeit der Jahre 1999-2003. – REPTILIA 8(5): 68–71.

RÖSLER, H. (1995): Geckos der Welt – alle Gattungen. –Urania Verlag, Leipzig, 256 S.

SEIPP, R. & K. KLEMMER (1994): Wiederentdeckung von *Rhacodactylus ciliatus* – GUICHENOT 1866 im Süden Neukaledoniens (Reptilia: Sauria: Gekkonidae). – Senckenb. Biol. 74: 199–204.

SEIPP, R. & W. HENKEL (2000): *Rhacodactylus* – Biologie, Haltung und Zucht, mit einem Anhang der Geckoarten Neukaledoniens. – Edition Chimaira, Frankfurt am Main, 173 S.

WATKINS-COLWELL, G. J. (2003): Gecko Hunting in New Caledonia. – GEKKO 2 (3): 2–8.

WITHERS, C. (2004): GGA cares for *Rhacodactylus ciliatus*. – Chit Chat 15: 8–10.